新时代智库出版的领跑者

国外学者对西方民主的批判与反思

姚啸宇 唐磊 著

REFLECTIVE CRITICISM ON WESTERN DEMOCRACY:
FROM THE PERSPECTIVE OF FOREIGN SCHOLARS

中国社会科学出版社

图书在版编目(CIP)数据

国外学者对西方民主的批判与反思 / 姚啸宇，唐磊著 . —北京：中国社会科学出版社，2024.7

（国家智库报告）

ISBN 978-7-5227-2485-0

Ⅰ.①国… Ⅱ.①姚…②唐… Ⅲ.①民主—研究—西方国家 Ⅳ.①D082

中国国家版本馆 CIP 数据核字（2023）第 155170 号

出 版 人	赵剑英
责任编辑	范娟荣
责任校对	王佳玉
责任印制	李寡寡

出　　版	中国社会科学出版社
社　　址	北京鼓楼西大街甲 158 号
邮　　编	100720
网　　址	http://www.csspw.cn
发 行 部	010-84083685
门 市 部	010-84029450
经　　销	新华书店及其他书店
印刷装订	北京君升印刷有限公司
版　　次	2024 年 7 月第 1 版
印　　次	2024 年 7 月第 1 次印刷
开　　本	787×1092　1/16
印　　张	11.5
插　　页	2
字　　数	151 千字
定　　价	68.00 元

凡购买中国社会科学出版社图书，如有质量问题请与本社营销中心联系调换
电话：010-84083683
版权所有　侵权必究

摘要： 本报告主要介绍了国外学者对西方民主理论和实践进行批判的思想成果，并对西方民主模式进行分析和批判，从而为历史地、具体地、发展地理解各国的民主故事铺垫智识基础。本报告从政治价值、政体形式和治理方式三个层次讨论了民主的概念和内涵；分析了民主概念的嬗变、民主在西方国家如何从"人民的统治"转变为"人民选举自己的统治者"，以及国外学者对民主意义异化的批评；借助国外学者的眼光反思了现实中西方民主的制度性弊端、西方民主缺陷的社会性后果以及西方民主的治理困境，并分析了部分西方国家垄断"民主"解释权、向世界强行输出西方民主模式的恶果。本报告认为，民主并非解决一切社会问题的万灵药，西式民主既存在诸多缺陷，也不是实现民主的唯一模式。在西式民主的问题已经进一步暴露，世界各地纷纷出现民主乱象、民主衰退和民主赤字的今天，我们更有必要充分认识到中国民主的独特优势和宝贵价值，在加强文明交流互鉴的同时，坚定地走符合中国国情的民主发展道路，为人类民主事业发展探索新的路径。

关键词： 西方国家；民主衰退；民主批判

Abstract: This report primarily introduces the intellectual achievements of foreign scholars in critiquing Western democratic theory and practice. It analyzes and criticizes Western democratic model, laying a knowledge foundation for understanding the democratic stories of various countries historically, concretely, and developmentally. This report discusses the concept and connotation of democracy at three levels: political values, forms of government, and methods of governance. It analyzes the evolution of the concept of democracy—how it transformed from "rule by the people" to "people electing their rulers" in Western countries—as well as criticisms from foreign scholars regarding its distorted meaning. It reflects on the institutional drawbacks of Western democratic systems, the social consequences of their deficiencies, and the governance dilemmas through the perspectives of foreign scholars. Additionally, it analyzes the negative effects caused by some Western countries monopolizing the interpretation of "democracy" while forcefully exporting their model worldwide. The report argues that democracy is not a panacea for solving all social problems, and that Western-style democracy, with its many shortcomings, is not the only model for achieving democracy. At a time when the problems of Western-style democracy continue to be exposed, and democratic disorder, decline, and deficits are occurring worldwide, it is essential to recognize the unique advantages and valuable aspects of Chinese democracy. While strengthening cultural exchanges and mutual learning, we should firmly follow a path toward democratic development that suits China's conditions, exploring new paths for advancing humanity's cause of democracy.

Keywords: Western Countries; Democratic Decline; Critical Studies on Western Democracy

目 录

导 论 …………………………………………………………（1）

一 民主：一个多义纠缠的概念 ……………………………（7）
  （一）作为政治价值的民主 ………………………………（8）
  （二）作为政体形式的民主 ………………………………（13）
  （三）作为治理方式的民主 ………………………………（23）
  （四）小结 …………………………………………………（30）

二 民主观念的异化：从政体原则到选举形式 ……………（32）
  （一）遏制民主：代议制民主理论的底色 ………………（33）
  （二）"选举"取代"民主" ………………………………（41）
  （三）对代议制民主理论的反思 …………………………（46）
  （四）小结 …………………………………………………（58）

三 西方民主的制度性弊端 …………………………………（61）
  （一）多党竞争与政治极化 ………………………………（62）
  （二）竞争性选举：选优还是择劣？ ……………………（68）
  （三）利益集团：选主＝金主 ……………………………（74）
  （四）小结 …………………………………………………（82）

四 西方民主缺陷的社会性后果 …………………… (84)
  - (一) 政治群体极化 ……………………………… (84)
  - (二) 社会分裂严重 ……………………………… (92)
  - (三) 民粹主义泛滥 ……………………………… (101)
  - (四) 小结 ………………………………………… (108)

五 西方民主的治理困境 …………………………… (111)
  - (一) 否决政治盛行 ……………………………… (111)
  - (二) 治理能力低下 ……………………………… (115)
  - (三) 丧失民众信任 ……………………………… (122)
  - (四) 小结 ………………………………………… (125)

六 西方民主输出的霸权逻辑 ……………………… (127)
  - (一) 霸权本质 …………………………………… (127)
  - (二) 水土不服 …………………………………… (136)
  - (三) 输出恶果 …………………………………… (141)
  - (四) 小结 ………………………………………… (151)

结语 破除民主迷思正当时 ………………………… (153)

参考文献 ……………………………………………… (158)

后记 …………………………………………………… (173)

导　　论

在当今时代，民主被奉为全人类的共同价值。然而，如果我们考察民主观念与民主制度的发生与演变，就会很容易地看到，民主作为一种现代价值得到普遍接受，是相当晚近的事情。并且，在具有不同传统的社会里，对什么是民主的理解至今仍存在重大分歧。即使在号称"民主发祥地"的西方社会内部，对民主体制的共识也只是在 20 世纪后半叶才逐步稳定下来。[①]赫尔德（David Held）曾说：

> 古典时期到 17 世纪，民主大体上是和公民在集会中、在公共集会地点聚在一起相联系的。到 18 世纪后期，它开始被看作公民通过民选代表的中介来参与决定集体意志的权利。只有在 20 世纪的近几十年，自由的代议制政府才在西方牢固地确立，并在西方以外的地区，被原则上广泛采纳为一种合适的政府模式。[②]

时常被"民主神话"遮蔽的一个基本事实是，在西方世界

[①] Terence Ball, James Farr and Russell L. Hanson eds., *Political Innovation and Conceptual Change*, Cambridge: Cambridge University Press, 1989, p. 68.

[②] ［美］赫尔德：《民主的模式》，燕继荣等译，中央编译出版社 1998 年版，第 148 页。

的绝大多数时间里，民主政体是一个糟糕的选项。在柏拉图那里，民主不过是"一种使人乐意的无政府状态的花哨的管理形式"，而且由于过分追求自由，这种政体极易滑向极权政治。①在中世纪，民主就是一个贬义词。直到19世纪，随着各国资产阶级革命运动兴起，民主才被重新作为一个光彩的词，并逐步摆脱了"暴民统治"的污名，被赋予代议制、公民解放、法治等新的内涵。②

20世纪有时被称为是"民主的世纪"。③ 20世纪初，始于19世纪的第一波长周期民主化运动余音绕梁；两次世界大战导致民主化运动进入低谷，但随后风起云涌的民族独立运动带来了"第二波"民主化；自1970年代起所谓的民主化"第三波"经历了大约1/4个世纪，以东欧剧变、苏联解体为标志达到高潮，经过这一轮运动，世界上近2/3的国家成为"选举民主制"国家。④ 这一结果令弗朗西斯·福山（Francis Fukuyama）这样的西方政治理论家大受鼓舞——他迫不及待地宣称，自由民主也许是"人类意识形态演化的终点"和"人类政体的最后形式"，从"大写的历史"即一个黑格尔意味上"合目的"的历史进程视角看，自由民主制的胜利代表着"历

---

① ［古希腊］柏拉图：《理想国》，郭斌和、张竹明译，商务印书馆1986年版，第328—342页。

② Jørgen Møller and Svend-Erik Skaaning, *Democracy and Democratization in Comparative Perspective: Conceptions, Conjunctures, Causes and Consequences*, London and New York: Routledge, 2013, pp. 2 – 4.

③ "Democracy's Century: A Survey of Global Political Change in the 20th Century," Freedom House, 1999.

④ Samuel P. Huntington, "Democracy's Third Wave," *Journal of Democracy*, Vol. 2, No. 2, 1970, pp. 12 – 34; Craig M. Kauffman, "democratization," September 17, 2018, https://www.britannica.com/topic/democratization.

史的终结"。①

然而，21世纪过去20余年展现的图景是，福山的"预言"被真实世界无情否定。西方曾引以为傲的民主体制持续受到重大挑战。20世纪末，美国学者让·爱尔斯坦（Jean Bethke Elshtain）就认识到，美国民主正在遭受重大考验，一个半世纪前令托克维尔称羡不已的美式民主的根基所在——一个强大的公民社会，正被越来越强烈的政治怨恨和越来越稀薄的公民生活热情所侵蚀。② 2021年，皮尤研究中心在西方主要国家的调查显示，越来越多的西方民众感到本国民主遭遇困境。在法国和美国，逾六成受访者认为，本国政治制度需要进行重大调整或彻底变革，在英国和德国，这一比例也超过四成。③

在这个新世纪，西方政治科学关于"民主巩固"（democratic consolidation）的神话已被打破，代之以"民主解固"（democratic disconsolidation）④、"民主退潮"（democratic recession）⑤等悲观论调，"民主的世纪"也被宣告终结。⑥ 昔日以拱卫自由

---

① ［美］弗朗西斯·福山：《历史的终结与最后的人》，陈高华译，广西师范大学出版社2014年版。

② Jean Bethke Elshtain, "Democracy at Century's End," https://speeches.byu.edu/talks/jean-bethke-elshtain/democracy-centurys-end/.

③ Pew Research Center, "Many in U. S. , Western Europe Say Their Political System Needs Major Reform," March 31, 2021, https://www.pewresearch.org/global/2021/03/31/many-in-us-western-europe-say-their-political-system-needs-major-reform/.

④ Yascha Mounk, Roberto Stefan Foa, "The Danger of Deconsolidation: The Democratic Disconnect," *Journal of Democracy*, Vol. 27, No. 3, 2016, pp. 5–17；褚向磊、苏毓淞：《民主解固——西方自由民主制的危机》，《国外理论动态》2018年第5期。

⑤ Larry Diamond, "Facing Up to the Democratic Recession," *Journal of Democracy*, Vol. 26, No. 1, 2015, pp. 141–155.

⑥ Yascha Mounk, Roberto Stefan Foa, "The End of the Democratic Century," *Foreign Affairs*, Vol. 97, No. 3, 2018, pp. 29–36.

民主为任的一批著名学者如戴蒙德（Larry Diamond）、普特南（Robert Putnam）、英格尔哈特（Ronald Inglehart）、福山、李维斯基（Steve Levitsky）等，都对西方特别是美国民主的未来忧心忡忡。

在此背景下，本书旨在系统梳理国外学者尤其是西方学者对西方民主进行批判与反思的智识成果，希望通过这种梳理进一步破除国内学术界至今对"西式民主"仍存在的种种迷思，包括唯有代议制选举才是真民主的"民主一元论"、有了民主就有了一切的"民主万能论"等，同时为中国发展社会主义民主提供镜鉴。近年来王绍光、曲伟杰、姜海波等学者以不同方式、不同角度做过类似研究。① 但对原始材料的组织和运用体现了笔者对民主问题的一些思考。

首先，当我们谈论"民主"问题时，有必要分清它在具体语境中究竟指的是什么？如果它代表着一种理想的制度形态，那这种理想的确立只是近二三百年的事情。如果它代表的是一种意味着"人民实施统治"的抽象政治理想，那它就可能被利用成为"犯下大量罪行的政治家们"粉饰自己的招牌②。如果它指向的是一种制度安排以及以此为基础的政体形式，那也必须认识到，"民主政治并不是由一套独一无二的制度所组成，民主政治的类型形形色色，它们各自五花八门的实践产生了一系列相类似的后果，民主政治所呈现的特殊形式因一个国家的社

---

① 王绍光主编的《选主批判：对当代西方民主的反思》（北京大学出版社 2014 年版）选编、翻译了具有代表性的外文文献；曲伟杰的《当代西方学者对民主的批判性反思》（社会科学文献出版社 2019 年版）集中了西方学界对民主政治的反思成果，同时也吸收了国内学界的相关研究；姜海波的《资本主义民主的批判与反思》（中国人民大学出版社 2022 年版）则主要收录了国外马克思主义者对资本主义民主的批判性研究。

② ［德］菲利普·施米特、特丽·林恩·卡尔：《民主是什么，不是什么？》，载刘军宁编《民主与民主化》，商务印书馆 1999 年版，第 15—30 页。

会经济条件以及稳定的国家结构和政策实践而定"①。以西方民主论,在近四千年发展历程中,就先后出现过希腊雅典的城邦民主、罗马时期的共和政制以及现代以来被普遍采用的代议制民主等不同时期的标志形态。最后,如果把民主理解为一种管理体制或治理方式,例如在民主决策、民主参与这样的政治语汇中,民主就是决策过程、行政过程的一种游戏规则,但也同政体性质或者组织的价值观相联系。作为一种抽象的价值符号,民主在今日获得了难以比拟的尊贵,从而被各级组织(从政治实体到社会团体)奉为必须遵循的价值信条之一,并具体化为形形色色的指导原则。在展开上述辨析的同时,我们也看到,民主概念的泛用与滥用也比比皆是,由此而造成的民主观念上的错乱,也给民主政治的实践带来诸多挑战。

其次,西方民主的神话首先由西方的理论家们树立与鼓吹,但这些神话又被西方社会自身的弊端显现所破除。一方面,人们越来越认识到,"民主化并不必然带来经济增长、社会和平、管理效率、政治和谐、自由市场及'意识形态的终结',它更不可能导致'历史的终结'"②。另一方面,21世纪以来,从"9·11"事件、到国际金融危机,再到2021年美国的"国会山骚乱",西方民主社会屡屡暴露出重大危机,反复冲击着人们对自由民主的信心。民主社会的一个悖论在于,捍卫它的方法之一就是质疑它、批评它,尤其当它显露出症结时。所以,西式民主显出败象之际,也是批判反思声音更盛之时。这为笔者的观察与写作提供了丰富的原始资料。

---

① [德]菲利普·施米特、特丽·林恩·卡尔:《民主是什么,不是什么?》,载刘军宁编《民主与民主化》,商务印书馆1999年版,第15—30页。

② [德]菲利普·施米特、特丽·林恩·卡尔:《民主是什么,不是什么?》,载刘军宁编《民主与民主化》,商务印书馆1999年版,第15—30页。

最后，民主是人类社会普遍追求的价值理念，但也只是之一。现代民主精神的本质在于平等，多数决原则就是践行平等的一种"民主"方式，但社会选择理论告诉我们，多数决原则这种最常见的选举方式并不保证最大程度体现"公意"，同时，多数决原则也不可避免地将要牺牲少数群体的利益，包括自由。因此，民主政治的实践只能是理想与现实之间的折中，只能是历史的、具体的、发展的。只有跳出"民主一元论"的怪圈，才能全面地理解民主，健康地发展民主。

一　民主：一个多义纠缠的概念

当今世界，几乎没有政权会否定自己的政治制度是民主制度。然而，也从来没有哪个时代像今天这样，人们对于"什么是民主？"这一问题存在如此广泛、深刻的分歧。[①] 据学者调研，民主研究的各类文献为这一概念提供的定义竟然达到550多种！[②]

"民主"最早源自希腊语 *demokratia*，其基本含义是"人民/民众（demos）的统治"，这一基本含义从未发生过变化。但何为人民、如何统治，从古希腊、罗马到今天，不同时代不同地域有各自不同的信念与实践。在雅典人看来，今天西方社会搞的代议制选举肯定算不得"民主"；在当代人眼中，只把自由民算作人民绝不是民主。在当代所谓的西方民主社会眼中，不搞竞争选举、三权分立的国家就是非民主国家，而在这些被批判的国家里，西方民主的治理效能和合法性被学者们普遍质疑。

当代人在讨论民主问题时，常常将"作为政治价值的民主""作为政体形式的民主"和"作为治理方式的民主"混为一谈。民主概念的多义性与民主话语的多面向相互纠缠，是造成人们

[①] ［英］阿伯拉斯特：《民主》，孙荣飞等译，吉林人民出版社2005年版，第8—9页。

[②] David Collier and Steven Levitsky, "Democracy with Adjectives: Conceptual Innovation in Comparative Research," *World Politics*, Vol. 49, No. 3, 1997, pp. 430–451.

对民主议题难以达成共识的重要原因之一。

（一）作为政治价值的民主

民主首先是一种政治价值，在当今世界，更是一种被普遍接受的政治价值。早在 1949 年，新成立的联合国经济及社会理事会就发现，全世界的学者一致赞同民主这一概念，这可能是民主在历史上第一次被视为政治和社会组织制度的理想模式。[①] 作为政治价值的民主是一种公认的"好东西"，乃是人类共同的理想、一切政治秩序之正当性的来源，以及衡量"人类所处的每一个背景或环境"的标准。[②]

让民主变成一种政治价值的重要历史节点是法国大革命（以下简称"大革命"）。大革命的纲领性文件《人权宣言》明确宣布"人生来就是而且始终是自由的，在权利方面一律平等"，"整个主权的本原根本上存在于国民"，以及"法律是公意的表达，每一个公民皆有权亲自或由其代表去参与法律的制定"。在法国大革命之前，以卢梭为代表的启蒙思想家就已经在理论层面否定了教会、贵族和君主统治的正当性，强调人人平等，并在此基础上提出了"人民主权"的原则；1789 年，法国的资产阶级通过一场暴风骤雨般的革命运动将卢梭的理念变为了现实。人人平等、主权在民的理念也伴随着拿破仑的铁蹄一同横扫欧洲，让一切属于君主、贵族和教会的特权都摇摇欲坠。正是在这样的历史情势下，托克维尔发出了如下的感叹：

[①] Sanford Lakoff, *The Political Ideas that Have Shaped the Modern World*, Lanham: Rowman & Littlefield Publishers, Inc., pp. 207-208.

[②] ［英］约翰·邓恩：《让人民自由：民主的历史》，尹钛译，新星出版社 2010 年版，第 188 页。

人民生活中发生的各种事件,到处都在促进民主。所有的人,不管他们是自愿帮助民主获胜,还是无意中为民主效劳;不管他们是自己为民主而奋斗,还是自称为民主的敌人,都为民主尽到了自己的力量。所有的人都汇合在一起,协同行动,归于一途。有的人身不由己,有的人不知不觉,全都成为上帝手中的驯服工具……平等的逐渐发展既是人类历史的过去又是人类历史的未来……企图阻止民主就是抗拒上帝的意志,各个民族只有顺应上苍给他们安排的社会情况。①

在托克维尔的笔下,读者看到了"上帝的意志",看到了汹涌的历史洪流——一种无法被人力所改变的"必然性",那就是"民主"。托克维尔似乎洞见了往后两百年的历史,"民主"的理念不但征服了西方,而且扩展到全世界,如今似乎已经成为一种"普世价值"。

可是,在西方文明的历史上,民主并非总是一种普世价值,甚至在很长一段时间里,民主被人们认为是一个"坏东西"。古希腊虽然是民主政制的源头,但古希腊时代最伟大的两位思想家柏拉图和亚里士多德都对"民主"提出了严厉的批评。

柏拉图可以说是民主价值最激烈的批判者之一。这种对民主的敌意据说来自他的亲身经历:柏拉图的老师,哲人苏格拉底就是被民主制雅典的公民陪审法庭判处了死刑,最终饮下毒酒身亡的。在《理想国》中,柏拉图将民主制列为"次坏的政体",其恶劣程度仅次于最败坏的政体——僭主制。

在柏拉图看来,民主制往往是贫民在党争中战胜富人的结果,在这种制度之下的城邦看似是一个彻底自由的"开放社会",每个

---

① [法]托克维尔:《论美国的民主》(上卷),董果良译,商务印书馆1988年版,第8页。

人不仅选择自己喜欢的生活方式,甚至可以随心所欲地选择遵守或者不遵守国家的法令:"在这种国家中,如果你有资格掌权,你也完全可以不去掌权;如果你不愿意服从命令,你也完全可以不服从,没有什么勉强你的。别人在作战,你可以不上战场;别人要和平,如果你不喜欢,你也可以要求战争。"①

然而,这种自由并不是什么好事,因为它会培育出一种"民主文化",后者"不加区别地把一种平等给予一切人,不管他们是不是平等者",②它也不是真正的开放社会,因为民主文化敌视智慧、勇敢、节制、正义等一切超出普通人的美德,并会败坏所有高贵者的天性。但是在民主制下,一个人不管品行如何,只要善于讨好人民,就能得到尊敬和荣誉。所以,在雅典这样的民主城邦,智慧正直、敢于讥刺城邦习俗之缺陷的哲人苏格拉底会被人民判处死刑,而无才无德、只懂得逢迎群众激情的煽动家(demagogue)却能够如鱼得水。在柏拉图看来,这些煽动家终究会利用人民的恐惧和轻信,攫取国家大权,用专制手段统治城邦,使民主制蜕变为僭主制。

亚里士多德在对城邦政体进行分类时,民主制和寡头制、僭主制一同被划归为"变态政体",因为这三种政体的目的都是为了统治者(多数平民、少数人或一个人)的利益,而非城邦整体的利益。在亚里士多德看来,民主制和寡头制一样,都基于一种片面的正义观念:在寡头政体中,富人们认为财富领先者便可以处处优先;而在民主政体中,平民派则主张既然大家都拥有同等的自由身份,因此在所有事情上他们都应当平等。但亚里士多德认为,分配的正义应当基于一种"比例"的原则:"谁对这种共

---

① [古希腊]柏拉图:《理想国》,郭斌和、张竹明译,商务印书馆1986年版,第332页。
② [古希腊]柏拉图:《理想国》,郭斌和、张竹明译,商务印书馆1986年版,第333页。

同体①所贡献的最多，他既然比和他同为自由人身份或门第更为尊贵的人们，或更加富有的人们，具有较为优越的政治美德，就应当在这个城邦中享受到较大的一份。"②民主原则试图让德性优越者和普通人平等，这本身就是对前者的不公正。

柏拉图和亚里士多德代表的警惕民主价值的传统在西方源远流长，直到法国大革命，"民主"才得到了真正意义上的正名。然而，即便在法国大革命爆发之后，对"民主"价值的批评依然存在。

18世纪，在那个大革命的风潮席卷欧洲的时代，英国保守主义思想家埃德蒙·柏克（Edmund Burke）却对革命者主张的民主观念进行了深刻的反思。在柏克看来，法国大革命提倡的民主价值立足于一种抽象的"平等"原则。自然的秩序总是不平等的，社会必定因为个人能力和德性的差异而分化成不同的阶层。政治并不是一项没有门槛的事务，相反，它对人的"德性和智慧"提出了很高的要求，绝非大多数人所能达到。

柏克强调，他并不希望把权力、权威和荣誉，仅仅限定于血统、名分和头衔，"除了实际的或设想中的德性和智慧外，政府并没有任何资格的限制。只要实际上发现了有它们的地方，它们无论在哪个国家，无论在什么地位、职业或行业，都有上天的通行证通向人世上的地位和荣誉"③。民主派提倡的诸如抽签制、轮换制等制度，仅仅保障了每个人参与政治的平等权利，却在根本上忽视了从事政治同时意味着一种重大的"责任"。这些制度无法考察掌权者是否拥有承担相应责任的能力和德性，"荣誉的

---

① "这种共同体"指政治的共同体，而在亚里士多德看来，政治共同体的存在不是由于共同生活，而是为了高贵的行动。

② ［古希腊］亚里士多德：《政治学》，吴寿彭译，商务印书馆2010年版，第143页。

③ ［英］埃德蒙·柏克：《法国革命论》，何兆武、许振洲、彭刚译，商务印书馆2010年版，第66页。

殿堂应该是坐落在卓越性之上的。假如它是经过德性而被打开的，那么也应该记得，德性是只有经历某种困难和某种斗争才能得到考验的"①。既然自然决定了政治所需要的德性在众人之间的分布绝不可能平等，那么民主派要求所有人在政治权利上一律平等的主张就是在颠倒自然的秩序。

与"平等"一样，民主派的另一项主张——多数人的统治同样也不是自然权利。柏克并不完全排斥多数原则，但他认为，对多数原则的接纳应当出于审慎和便利，而非由于某个抽象的道德诫命。享有选举权、担任公职、将权力交托给民众——这些问题的解决办法要基于现实的考量，因时间、环境和国民的气质而异。接受民主，还是采用其他的政体模式，需要考虑不同国家的具体处境和情势。将"民主"视为唯一且普世的政治价值，是对政治事务的本性无知的表现。②

对民主价值最"不合时宜"却最坚定的现代批评者要数德国哲学家尼采。在尼采眼中，民主价值的胜利是西方文明衰颓的一大表征，是哲学虚无主义的后果。对尼采而言，民主在西方的胜利绝不仅仅体现在政治领域，更在于"民主"和"平等"作为一种"文化"已经主宰了西方现代人的心智。尼采极其反感"平均主义""同情""弃绝苦难"等浅薄低级的民主趣味，然而，这却是现代人类生活的普遍现象。

> 在欧洲的所有国家，甚至在美国，都在滥用这个名词，那是一种很狭隘、受拘束、被拴在锁链上的精神……他们属于平均主义者，那些被叫错了的、名不副实的"自由精神"——他们巧舌如簧，妙笔生花，却是民主品味及其"现代观念"

---

① [英]埃德蒙·柏克：《法国革命论》，何兆武、许振洲、彭刚译，商务印书馆2010年版，第66—67页。
② Russell Kirk, *The Conservative Mind: From Burke to Eliot*, Washington, D.C.: Regnery Publishing, Inc., 2001, p.59.

的奴隶……他们全力追求的，是绿草茵茵的牧场上的普遍幸福，那里每个人都生活得稳定、安全、舒适、轻松；都被他们哼唱烂了的两套曲子或者学说是"权利平等"和"同情一切受苦者"——苦难被他们当作了必须弃之如敝屣的东西。①

尼采认为，"民主品味"的问题在于其推崇"稳定""安全""舒适""轻松"这些普通人的趣味，却敌视所有高贵卓越的品质。"权利的平等"很容易变为一种"不公的平等"，"变为一种共同宣战，矛头直指所有稀有者、另类者、有特权者，矛头直指所有更高等的人、更高尚的心灵、更崇高的义务和责任，矛头直指创造性的雄壮力量和王者风范"，② 要把他们拉到和绝大多数人"平等"的地位。在《扎拉图斯特拉如是说》中，尼采借先知扎拉图斯特拉之口，径直将"平等的说教者"斥为"毒蜘蛛"：他们是嫉妒、复仇精神的化身，也是"末人"（Der Letzte Mensch）时代的塑造者。末人的时代抹去了一切好坏、贵贱的差别，虽然拥有和平、平等、富足和幸福，却也是"最可蔑视的人的时代"，是一个平庸、堕落，失去了生命力，也失去了伟大、超越和创造的可能性的时代。③

（二）作为政体形式的民主

1. 古典民主

"民主"作为一种政体形式同样由来已久，它体现的是人民

---

① ［德］尼采：《善恶的彼岸》，魏育青、黄一蕾、姚轶励译，华东师范大学出版社2016年版，第63—64页。
② ［德］尼采：《善恶的彼岸》，魏育青、黄一蕾、姚轶励译，华东师范大学出版社2016年版，第170页。
③ ［德］尼采：《扎拉图斯特拉如是说》，黄明嘉、娄林译，华东师范大学出版社2009年版，第41—45、176—180页。

统治国家的方式，其源头可以追溯到古希腊城邦，尤其是雅典城邦的民主实践。可以说，雅典是古典民主的典范，它的伟大与堕落、强盛和崩溃，都和民主政制息息相关。

打开世界地图我们就能发现，希腊半岛连绵不绝的山岭沟壑将这一块的陆地分隔成了一个个小块，缺乏肥沃的大河流域和开阔的平原。这种特殊的地理环境为古希腊文明孕育出了一种独特的政治组织形式——城邦。城邦这样一种小型而又紧密的政治共同体为直接民主政制的出现提供了得天独厚的条件。雅典城邦位于阿提卡，曾先后经历了王政时期和氏族贵族统治的时期。公元前594年，贵族和平民的矛盾发展到极其尖锐的程度，梭伦（Solon）作为双方共同认可的仲裁人开始实行改革，其立法举措包括废除债务奴隶、调整官职候选人的资格、创立"四百人议事会"、设立陪审法庭等。[①] 梭伦改革为雅典的民主政制奠定了基础，约80年后，执政官克利斯提尼（Cleisthenesis）又在梭伦改革的基础上，继续推动雅典的政治制度向民主制转化。他废除了基于血缘关系的四个氏族部落，代之以十个地区部落，并在此基础之上建立了"十将军委员会"。在他建立的制度之下，城邦的所有重大决策都掌握在公民大会手中，而公民大会向全体雅典成年男性公民开放，其议程则由五百人议事会制定。[②] 克里斯提尼的另一项创举是制定了"陶片放逐法"，这项制度允许雅典公民通过投票的方式将任何人放逐出城邦，其初衷在于防止僭主统治死灰复燃，却也导致特米斯托克利（Themistocles）这位曾在希波战争中立下赫赫战功、拯救了雅典城邦的伟大政治家遭到放逐，最终客死异乡。

在伯里克利（Pericles，约公元前495年—前429年）执政

---

① ［英］N. G. L. 哈蒙德：《希腊史：迄至公元前322年》，朱龙华译，商务印书馆2019年版，第239—248页。
② ［英］西蒙·普莱斯、彼得·索恩曼：《古典欧洲的诞生：从特洛伊到奥古斯丁》，马百亮译，中信出版社2019年版，第135页。

时期，雅典民主达到了鼎盛，他不仅让雅典全体男性公民都获得了通过抽签、选举和轮换而出任各级官职的权利和机会，而且实行公薪制，为担任陪审法官的公民提供津贴，用这种方式鼓励公民参与国家政治。① 对于雅典公民而言，其"自由人"身份体现在对城邦公共事务的参与之中。在伯罗奔尼撒战争阵亡将士葬礼上的演说中，伯里克利对雅典人的公共精神大加褒赞。

> 每一个人所关心的，不仅是他自己的事务，而且也关心国家的事务：就是那些最忙于他们自己的事务的人，对于一般政治也是很熟悉的——这是我们的特点：一个不关心政治的人，我们不说他是一个注意自己事务的人，而说他根本没有事务……那么，这就是这些人为它慷慨而战、慷慨而死的一个城邦，因为他们只要想到丧失了这个城邦，就不寒而栗。②

透过伯里克利的言辞我们可以看到，对民主政制下的雅典人而言，从事政治不但是一种权利，更是一种不可推卸的责任，个人只有作为公民，在政治生活中才能找到自己的位置。

雅典民主的特色在于公民亲自决定城邦的公共事务，而不用依赖选举出来的代表。在雅典，绝大部分的行政官员和司法人员

---

① ［法］樊尚·阿祖莱：《伯里克利：伟人考验下的雅典民主》，方颂华译，上海三联书店2015年版，第115—123页。根据亚里士多德的记载，有人指责伯里克利给陪审法官发放薪水的做法实际上败坏了陪审法庭，因为"普通的人对于抽签担任这个职务，总是更加注意"。详见 Jonathan Barnes ed., *Aristotle's Politics: Writings from the Complete Works: Politics, Economics, Constitution of Athens*, Princeton and Oxford: Princeton University Press, 2016, pp. 286–288。

② ［古希腊］修昔底德：《伯罗奔尼撒战争史》，谢德风译，商务印书馆2010年版，第149—152页。

都是以"抽签"的方式产生的。抽签意味着将选择政治家的任务交给了"机运",却在概率层面保证了每个公民担任行政或司法职务的平等权利:"这种政治体制的指导原则是除了极少数例外,所有的职位,无论是行政、立法,还是司法,都应该对所有公民开放,大家轮流,任期一年;所有的诉讼最终,甚至从一开始都要由可能集合到的所有公民集体审理。"[1]

除担任公职之外,雅典公民还在公民大会中定夺国家大事。公民大会的权力极为广泛,宣战、媾和、结盟、军队的规模、财政、货币和关税的相关事务,都要由公民大会来做出最终的决定。政治家们只有说服公民大会,才能使自己的政策付诸实施。因此,在雅典民主制下,辞令的能力极为重要,"很早演说家便被称为城邦的向导人,实际上,是他们使民众行动,并解决疑难问题"[2]。

在雅典公民团体内部,理论上每个人都是平等的,他们都有同等的机会担任公职,并在公民大会参与国家大事的讨论,亲自投票进行表决。然而,雅典之所以能够实行这种直接民主制度,一方面是因为公民们彼此熟悉,而且城邦国家袖珍的规模,允许公民常常聚在一起召开会议,处理政治事务,这些都是直接民主必不可少的条件;另一方面,雅典公民之所以愿意积极地参与政治,是因为在地中海复杂的地缘政治环境下,城邦的命运与他们个人的命运休戚相关。可是,雅典民众做出的决策并非总是正确。公元前415年,雅典公民大会正是在亚西比德(Alcibiades)的煽动下,决定孤注一掷,远征西西里,最终惨败而归。这次错误的决策直接导致

---

[1] [英]塞缪尔·E. 芬纳:《统治史(第一卷):古代的王权和帝国:从苏美尔到罗马》,马百亮、王震译,华东师范大学出版社2010年版,第207页。

[2] [法]库朗热:《古代城邦:古希腊罗马祭祀、权利和政制研究》,谭立铸等译,华东师范大学出版社2005年版,第310页。

雅典输掉了伯罗奔尼撒战争，以及雅典"帝国"的崩溃。此役之后，雅典国力由盛转衰，再也无法重现往日的辉煌。

值得注意的是，雅典的民主是建立在奴隶制之上。真正能够参与民主政治的成年男性"公民"也只是人口的少数，妇女、外邦人以及众多的奴隶都被排除在政治生活之外，或许正如恩格斯所说，"排斥自由公民劳动的奴隶制"恰恰就是雅典灭亡的原因。[①] 但是，雅典的实践仍然为"民主"做出了最初的诠释：人民统治的唯一方式，就是由他们直接决定政治事务。

2. 共和民主

在伯里克利的领导下，民主制度曾让雅典成为希腊世界最强大的城邦之一，但随着伯里克利染疫而殁，民主制就落到了克里昂、亚西比德等煽动家和野心家的手中。最终，民主制的雅典在伯罗奔尼撒战争中输给了实行寡头制政体的城邦——斯巴达，实可谓"成也民主，败也民主"。但古典民主并没有因此死亡，雅典在战败之后，虽然经历了"三十僭主"的统治，但后来又恢复了民主制度。而在被马其顿帝国征服后的希腊化时代，民主政制虽然大大衰退了，但仍然以某种不完全的形式，在雅典和其他一些希腊城邦中存在着。[②]

与此同时，在西方的意大利半岛上，另一个政治体正在迅速崛起，它就是罗马共和国。作为西方文明政治制度的典范，罗马共和国最突出的贡献莫过于创造并实践了共和政体，而这种政体也为民主提供了一种新的形式。但问题在于，罗马人并不认为自己的祖国是一个"民主"国家。罗马共和的特点在于它是一种"混合政体"。不像民主制的雅典几乎完全排除了贵族势力的影

[①] 《马克思恩格斯文集》第 4 卷，人民出版社 2009 年版，第 136 页。
[②] ［英］保罗·卡特利奇：《古希腊民主制的兴衰》，刘畅、翟文韬译，九州出版社 2020 年版，第 256—286 页。

响，罗马共和国是由贵族和平民共同掌握国家权力，"一如简洁申明于军团徽章，并铭记于所有军事补给上的文字：'SPQR'（Senatus Populusque Romanus），即元老院和罗马人民，该联盟是他们支配邻国权力的基础"。①

罗马共和政体的"民主"要素主要体现在"保民官"和"公民大会"这两种制度安排之上。保民官一职的设立，是罗马平民同贵族斗争的重要成果，其功能便在于制衡贵族、维护平民的利益。保民官神圣不可侵犯，其在历史上最早的权力是"帮助权"，即以个人之力帮助向他请求协助反对每一位高级官吏（独裁官除外）的任何一位公民。为了让人们可以随时找到保民官，保民官不能在城墙之外过夜，他们家的大门也必须日夜开放。后来，保民官的权力范围进一步扩大，从"帮助权"发展到"否决权"，如否决官吏的命令、元老院的决定，甚至反对交付公民大会的建议的权力。除非保民官撤销否决，否则这些保民官否定的命令、决议和建议就都无法生效。②

罗马共和国中期存在着三个公民大会：百人团大会、部族大会和平民大会。百人团大会由执政官或执法官负责召集，其成员涵盖了所有公民，其立法权主要体现为对提交的议案表示同意或反对，并且还要选举出执政官、执法官和监察官。百人团大会带有一定的等级色彩，富有阶层掌握了183个百人团席位中的88个，因此拥有更大的影响力。相比之下，部族大会和平民大会则更为平等，所有部族都有同等的投票权。此外，它们也获得了极大的影响力，不但可以选举掌握大权的市政官，还拥有立法之权。塞缪尔·E. 芬纳（S. E. Finer）指出，尽管在形式上，部族大会和平民大会中所有部族都拥有同等的投

---

① ［英］伯纳德·克里克：《民主》，史献芝译，译林出版社2018年版，第25页。
② 应克复等：《西方民主史》，中国社会科学出版社1997年版，第83页。

票权，然而几百年来，这种平等一直是一种假象。因为"相对富有的农村部族可以轻易地压倒城市部族所拥有的四张选票，这是因为前者是由大土地所有者和其附庸构成的，而后者却是由贫穷的城市居民构成的。但是自从罗马将公民资格授予整个意大利和海外的人口，这种情况完全颠倒了过来"①。

尽管罗马共和制中有上述体现"民主"原则的制度安排，不过其中的"贵族"要素同样不可忽视。首先，民众选举出来的行政官员多是贵族出身（甚至保民官也是如此），而且正如上文提及的铭文所示："元老院"和"人民"是两支并驾齐驱的力量。共和时期的元老院有300名成员，均为原高级官吏中的杰出人士，并且终身任职。虽然从法律意义上讲，元老院只是一个咨询机构，但事实上，由门阀勋贵组成的元老院拥有很大的权威。很少有执政官可以违背元老院的意志，或者拒不执行元老院的决议或建议。元老院在战争、外交和财政方面拥有一言九鼎的权威，其影响力并不来自法律的明文规定，而是基于"惯例"，"有的行政官的确会违抗这个惯例独立行动，置元老院于不顾。这时元老院会说服一位听话的行政官，通常是十位护民官中的一位，劝他否决这位桀骜不驯的行政官的行动"。②

由此可见，在罗马共和政体中，虽然存在"民主"的要素，但绝不能说民众直接统治着这个国家。相反，贵族权势巨大，在与平民的冲突中往往不落下风。如果非要说罗马共和国是一个民主政体，那也是一种"共和民主制"，具有很强的贵族色彩。然而，在当时不少有识之士看来，这种对"民主"的制衡

---

① ［英］塞缪尔·E. 芬纳：《统治史（第一卷）：古代的王权和帝国：从苏美尔到罗马》，马百亮、王震译，华东师范大学出版社2010年版，第260—262页。
② ［英］塞缪尔·E. 芬纳：《统治史（第一卷）：古代的王权和帝国：从苏美尔到罗马》，马百亮、王震译，华东师范大学出版社2010年版，第265页。

恰恰是罗马强盛的原因所在。

共和末期的大哲学家西塞罗就认为，罗马作为"最伟大的国家"，其政体的实质就是君主、贵族和民主三种国家类型的适度混合。①

史学家波利比乌斯（Polybius）也在其著作中指出，罗马共和时期的政体具有一种"混合政制"的特征：执政官、元老院和人民分别代表了古典政体理论中的君主制、贵族制和民主制要素，正是这三种政体成分的彼此合作与相互制衡，使得罗马共和国能够摆脱单一类型的政体必然败坏的命运，跳出政体盛衰循环的"历史周期率"，保持制度的长久稳定。②

文艺复兴时期的政治思想家尼可罗·马基雅维利（Niccolò Machiavelli）在其讨论共和政制的名著《李维史论》中则更进一步，对"贵族"和"平民"之间的斗争和对立做出了极高的评价。在他看来，两者之间的冲突虽然是国家内乱的源头，却也是罗马自由和强大的原因："我要说，诅咒贵族和平民纷争不已的人，他们所谴责的正是让罗马保持自由的元素。他们未看到这些嘈杂喧嚣的纷争收到的良好效果；他们没有顾及共和国皆有两种相反的气质，即民众的气质和大人物的气质，凡是有利于自由的法律，皆来自他们之间的不和……优秀楷模生于良好的教养，良好的教养生于良法，而良法生于受到世人无端诬责之纷争也……享有自由的民众，其欲望鲜有危害自由者，因为这种欲望或是生于受人欺凌，或是来自于担心自己受到压迫。"③

---

① ［古罗马］西塞罗：《西塞罗文集·政治学卷》，王焕生译，中央编译出版社 2009 年版，第 82 页。
② Polybius, *The Histories*, trans. by Robin Waterfield, Oxford: Oxford University Press, 2010, pp. 372 – 385.
③ Niccolò Machiavelli, *Discourses on Livy*, trans. by Harvey C. Mansfield and Nathan Tarcov, Chicago and London: The University of Chicago Press, 1996, pp. 16 – 22.

然而，在罗马帝国崩溃之后的漫长历史时期内，"民主"几乎不见踪影。在漫长的中世纪，统治欧洲的乃是等级制的天主教会和封建化的世俗君主。当民主再度复苏之时，它首先出现在文艺复兴时期欧洲的一些城市当中。这些城市经济繁荣，居民渴望自治，摆脱封建领主的干预。佛罗伦萨和威尼斯共和国便是其中代表。但是，这些城市国家的"自治"仍然更加接近罗马式的共和，而非雅典式的民主政治。佛罗伦萨贵族势力强大，常常陷入派系斗争的内乱当中，威尼斯的政治秩序相对稳定，但其制度也具有很强的寡头制色彩。① 这种城市自治当中即便有民主的成分，也只能局限在极小的范围之内。罗马共和之所以最终被帝制所取代，原因也在于此——随着罗马版图的扩张，公民人口越来越多，甚至无法参加集会，而且多数公民生活在距离城邦很遥远的地方，共和民主所需要的那种紧密的公民共同体也就不复存在。直接民主无法适用于大型国家，这是当时人们的共识。直到18世纪，政治思想家卢梭仍然认为，只有小型的城邦国家才能实行民主制度。如今，民主制之所以能够和大型的现代民族国家结合在一起，一个重要的原因就在于代议制民主的出现。

3. 代议制民主

16世纪以来，随着宗教改革运动打破了中世纪的政教秩序，现代国家作为一种新的政权形式开始在欧洲出现并崛起。但是，率先兴起的欧洲国家绝大多数都是绝对君主制，在此之前，民主制也没有在大型国家中实现的先例。世界上第一个实行民主制的大型现代国家并没有出现在欧洲，而是诞生在北美大陆。

---

① ［英］塞缪尔·E. 芬纳：《统治史（第二卷）：中世纪的帝国统治和代议制的兴起：从拜占庭到威尼斯》，王震译，华东师范大学出版社2014年版，第362—441页。

美国是西方代议制民主国家的代表。独立战争之前，新英格兰的殖民地原本就有着长期的自治传统，但这种直接民主的实践主要停留在市镇的规模。当北美13个殖民地通过革命的方式推翻英国国王统治并获得独立之后，摆在他们面前的一个紧迫的问题就是：应该建立一个怎样的全国性政府？在制宪问题上，各派分歧严重、争论激烈，但1787年颁布的《宪法》最终规定，美国是一个统一的联邦制国家，在这个最初由13个州组成的庞大政治体中，公民通过他们选出的代表间接地行使自己的政治权利。为什么美国制度的奠基者们决定采用"选举代表"而非古典的"抽签"或"轮换"的方式来产生政府官员？其中当然存在某种显而易见的客观因素——现代国家众多的人口和广袤的疆域已经令抽签制度不再具有现实的操作性。但我们仍然不能忽视另外一个原因，那就是在当时的立法者们看来，"选举"更能体现被统治者"同意"的原则，从而使政治权力合法化。[1]

通过代议制，民主的范围从市镇扩大到了一个幅员辽阔的国家，民主也变成了"代议制民主"。民主政体的含义从人民直接决定国家事务转变成了定期选举国家的统治者，这些被选举出来的代表不仅要对选民负责，其权力也必须受到成文宪法的约束。[2] 比如美国政制就体现了"三权分立"、州权和联邦权力相互制衡的原则，而美国宪法的第一至第十条修正案（即《权利法案》）则规定了个人不受政府侵犯的各项自由权利。

美国是首个通过"代议制"的方式将民主制度运用在大规模政治体中的国家。如今，代议制已经成为绝大多数西方国

---

[1] Bernard Manin, *The Principles of Representative Government*, Cambridge: Cambridge University Press, 1997, pp. 42–93.
[2] [美]戴尔·古德编：《康普顿百科全书：社会与社会科学卷》，徐奕春等译，商务印书馆2006年版，第158页。

家采用的政体形式。

（三）作为治理方式的民主

1. 决策民主

如果说作为政体形式的民主体现为人民对最高主权的掌握，那么当民主作为一种治理方式时，其重点就变成了人民对具体治理过程的参与和掌控。"审议民主"（deliberative democracy）又称"协商民主"，就是"民主"在决策层面的体现。所谓审议民主，简单地说，就是公民通过平等、理性且自由地对话、审议、讨论的方式，参与公共生活和政治决策。登特利维斯指出："审议民主的观念，即由自由和平等的公民通过公共协商进行决策，代表了民主理论的一个极为重要的发展……是早期民主公民资格概念的复兴。"① 古特曼和汤普森则认为，审议民主是这样一种治理形式："自由而平等的公民（及其代表）通过相互陈述理由的过程来证明决策的正当性，这些理由必须是相互之间可以理解并接受的，审议的目标是做出决策，这些决策在当前对所有公民都具有约束力，但它又是开放的，随时准备迎接未来的挑战。"②

当代西方，代议制民主逐渐蜕变，民众除投票之外，没有其他政治参与的途径，民主实际上变成了少数精英和利益集团对政治权力的垄断。同时，在一些政治议题上，西方社会内部存在着巨大分歧，这些分歧和隔阂的弥合，也无法依靠投票的方式，而必须通过审议民主的途径才有可能解决。有学者指出，审议民主有利于提升集体决策的合法性，促进民主程序的公平，

---

① ［南非］毛里西奥·帕瑟林·登特利维斯编：《作为公共协商的民主：新的视角》，王英津等译，中央编译出版社2006年版，第1页。
② 谈火生编：《审议民主》，江苏人民出版社2007年版，第7页。

培养人民的公共精神，并有利于创造长期稳定的环境。① 现代西方国家的审议民主虽然带有古典民主的色彩，强调公民对政治事务的直接参与，但它并没有在政体层面取代代议制民主的地位，而是对代议制民主的一种补充。在这个意义上，审议民主的出现为普通民众开辟了一个公共生活的空间，提供了凝聚共识的手段。但它并不能真正弥补西方代议制民主政治的缺陷。

2. 行政过程民主

除决策民主之外，行政过程民主也是民主治理不可或缺的重要环节。所谓行政民主，就是以更民主的方式决定施行具体公共政策的方法和手段。马克斯·韦伯认为，在现代社会当中，科层制的官僚组织是对大规模社会群体进行有效管理的基本形态。与传统组织相比，现代官僚组织显示出了高度理性和非人格化的特征，因此具有突出的技术优越性。每个职员都负有个别的任务，接受过专业训练，他们根据可以计算的规则、"不问对象是谁"地来处理事务。②

在韦伯看来，官僚制既是近代大众民主制的必然产物，又天然与民主的诉求相对立。一方面，官僚制的非人格化使其能够实现一种形式的与理性的"客观性"行政，而排斥以往家长制支配下、以恩惠为依归的个人自由裁量，体现民主政治所要求的"权利平等"原则；另一方面，在某些个别的问题上，其过于强调客观程序和规则的形式主义特质，又时常会和群众对

---

① John T. Ishiyama and Marijke Breuning eds., *21st Century Political Science: A Reference Handbook*, Los Angeles: SAGE Publications, Inc., p. 272.

② [德] 马克斯·韦伯：《支配社会学》，康乐、简惠美译，广西师范大学出版社2004年版，第46页。

于"实质正义"的诉求发生冲突。① 不仅如此,韦伯认为,官僚制还具有一种扩张其权力以致排斥任何外来监督的倾向。当政治的支配者在面对训练有素的官吏时,常常会发现自己是一个面对着"专家"的外行人,因此很难控制官僚机构的行动。②

理性化的官僚行政虽然具有较高的效率,却在很大程度上牺牲了民主、公平、正义等价值。面对这种状况,"新公共管理"在20世纪应运而生。公共选择学派的学者文森特·奥斯特罗姆(Vincent Ostrom)就是"新公共管理"的代表人物之一,他提出了"民主行政"的模式,以纠正韦伯式的官僚制度。在他看来,民主行政的基础在于:一是每个人都有资格参与公共事务处理的平等主义的假设;二是所有重要的决定都留给所有社群成员以及他们所选择的代表考虑;三是把命令的权力限制在必要的最小范围内;四是把行政机关的地位从主子的行政机关变成公仆的行政机关。归根到底,民主制行政是官僚制行政的一种替代模式,在这样一种模式中,权威是分散的,而且有许多不同的命令结构。合法强制工具的控制和使用,并不为单一权威结构所垄断。民主制行政的特征是"多中心"而非"单中心"。③

美国民主行政理论的另一位代表德怀特·沃尔多(Dwight Waldo)同样对以效率为核心的传统行政思想进行了批判。在他看来,民主才是公共行政需要实现的最高价值,而效率只是实现民主的一个必要条件。在行政问题当中同样充满着价值的因素,行政过程本身也应当与民主原则保持一致。他认为,民主

---

① [德]马克斯·韦伯:《支配社会学》,康乐、简惠美译,广西师范大学出版社2004年版,第53—54页。
② [德]马克斯·韦伯:《支配社会学》,康乐、简惠美译,广西师范大学出版社2004年版,第71页。
③ [美]文森特·奥斯特罗姆:《美国公共行政的思想危机》,毛寿龙译,上海三联书店1999年版,第87页。

行政理论的核心问题就是如何去调和对民主的渴望和对权威的服从。①"新公共服务"则被认为是西方倡导官僚服务和公民参与的最新民主行政理论。它提倡公共利益的共识论模式，主张行政人员必须从划桨者及掌舵者转向服务者，让公民回到行政过程的中心。公务员必须具有公共精神，其行政裁量权也必须以一种符合民主理想的负责任的方式行使。②

总体来看，行政过程的民主要求在具体公共政策的执行过程中，强化人民的参与和监督，克服行政部门可能存在的官僚主义作风，使行政过程能够更好地回应民意，服务于人民的利益。但是，由于西方国家的"民主"政体本质上是为居于统治地位的资产阶级的利益服务，它的民主行政也只能是资产阶级支配之下的民主行政，不可能真正代表广大人民的利益。

3. 国际事务中的民主

在民主治理已经成为各国共识的今天（无论他们在对"民主"含义的理解上存在怎样的差异），国际事务的民主化问题也进入了世人的视野。问题在于，国际事务的民主化为何是必要的，以及这种民主的国际秩序如何实现？

对于第一个问题，学者戴维·赫尔德（David Held）指出，随着全球化的发展，国内事务和国际事务的界限已经越来越模糊，一国之决策或举措可能对该区域的其他国家乃至世界造成影响。举例来说，由于担心打扰当地居民而反对在首都城市附近修建机场的决定，可能对那些在这一问题上没有直接代表的全世界飞机乘客产生不利影响。在边境地区建立核工厂的决定，可能既没有考虑对邻国公民造成的风险，也不曾征求他们的意

---

① Dwight Waldo, *The Administration State*, New York: Ronald Press, 1948, p. 56.

② 陆聂海：《西方民主行政理论评析》，《政治学研究》2013年第4期。

见。为抑制通货膨胀或稳定汇率而提高利率的决定，总是被视为一国的内政，但是它很可能会引起国际经济的变化。允许砍伐雨林的决定，可能会造成地区乃至世界范围内的生态破坏。①上述种种政策，一般被看作是一个主权国家的权威合法范围内的事务。但是，在一个区域性和国际性紧密联系的世界，也存在着许多有关国家决策实体自身与他国相互联系、相互依存和互尽义务的问题。如果说依据民主的原则，影响一国人民生活的公共政策理应得到全体或至少多数人的同意，那么，一项会对其他国家造成影响的政策，就不应当仅仅是由某个主权国家单独决定的事务，而需要在国际范围内通过民主的方式进行决策。

雅克·布道（Jacques Baudot）同样认为，应当构建一个民主的世界共同体。这样一个共同体之所以必要，主要有以下几个原因：首先，要持续控制各种威胁着全球化世界的危险，需要大多数成员国和其他制度的合作与承诺；其次，全球化进程自身需要控制和引导，尤其是对其金融和经济方面的控制和引导，为此就需要实现世界经济民主化；再次，只有通过更广泛、更深刻的人类价值共享，和平与合作才能压倒冲突和战争，而这些工作又需要研究、讨论、协商和取得大多数人参与的行动；最后，寻求一个全球民主化的共同体源于人类的本性，而民主的诉求乃是因为民主是唯一在道德上和政治上可以接受的社会组织形式。②

那么，这种民主化的国际秩序应该如何实现？赫尔德认为，全球化的发展本身就为国际事务的民主化提供了条件，世界经济一体化、国际组织的崛起、国际法体系的形成、文化的相互交流以及环境问题的全球化，这些因素都在削弱民族国家的自

---

① ［英］戴维·赫尔德：《民主的模式》，燕继荣等译，中央编译出版社1998年版，第422页。
② ［美］雅克·布道编著：《建构世界共同体》，万俊人、姜玲译，江苏教育出版社2006年版，第3—4页。

主权，使其决策需要受到国际社会的约束。但是，在他看来，当下的国际秩序仍然是由大国尤其是七国集团（G7）主导的，因此需要在"世界主义民主"的原则之下进行改革。所谓"世界主义民主"，就是一方面承认民族国家仍然有继续存在和发展的意义，另一方面主张以另一层管理作为对民族国家主权的制约。其要义在于"创造新的政治机构，这个机构将与国家体系并存，但在一些明确划定、具有跨国和国际影响的活动领域，将比国家具有优先地位"[1]。其具体措施包括建立地区性议会、用民主化原则改革联合国、创建由国际权威调遣的警备力量等。蒙特西诺斯指出，全球化要求对世界经济进行民主化的管理，需要为各国的产品贸易提供公平的规则，消除歧视性的保护主义行为，并且要对不同领域的各种世界性流动进行民主的调节，尤其是金融领域。[2]

国际关系新自由主义学派的代表人物罗伯特·基欧汉和约瑟夫·奈则强调，在全球化的时代，仅仅依靠民族国家的单边行动不足以实现全球的良好治理，它往往导致失败或引起对抗性的反应。面对全球化的深化，各国可以在三个层面提升全球治理的有效性：一是加强区域合作，增强政策的有效性；二是推动全球层次的多边合作，建立管理全球化的国际机制；三是强化跨国和跨政府合作，以实现对全球化的管理。他们尤其提倡完善和加强政府间组织、公司和非政府组织的透明度和责任感——在他们看来，这些机构构成了当今全球治理的主体，却

---

[1] ［英］戴维·赫尔德：《民主的模式》，燕继荣等译，中央编译出版社1998年版，第441页。

[2] ［墨西哥］豪尔赫·涅托·蒙特西诺斯：《治理全球化：谋求民主治理的世界政策》，载［古巴］弗朗西斯科·洛佩斯·塞格雷拉编《全球化与世界体系》（上），白凤森、徐文渊等译，社会科学文献出版社2003年版，第200—201页。

缺乏民主的问责和监督。① 值得注意的是，在西方国际关系学界，关注国际关系和国际事务的民主化问题的大多是自由主义学派的学者，而现实主义学派的理论家则对此议题兴趣寥寥，这或许和后者理解国际事务的基本视角有关。现实主义者倾向于将国际关系视为赤裸裸的权力关系，在其中并不存在诸如平等、民主、正义等价值的一席之地。

对于国际关系和国际事务的民主化，中国也提出了自己的构想。2012 年 11 月，党的十八大明确提出要倡导"人类命运共同体"意识。党的十八大之后，习近平主席在金砖国家领导人第五次会晤时的讲话中提出"国际关系民主化"这一概念，②并在此后的多次讲话中继续丰富、深化了"国际关系民主化"的内涵。在 2014 年巴西国会的演讲中，习近平主席指出："国家不分大小、强弱、贫富，都是国际社会平等成员，都有平等参与国际事务的权利，各国应该尊重彼此核心利益和重大关切。各国的事务应该由各国人民自己来管，世界的命运必须由各国人民共同掌握，世界上的事情只能由各国政府和人民共同商量来办。"③ 在联合国成立 75 周年纪念峰会上的讲话中，习近平主席强调："任何国家都没有包揽国际事务、主宰他国命运、垄断发展优势的权力，更不能在世界上我行我素，搞霸权、霸凌、霸道。单边主义没有出路，要坚持共商共建共享，由各国共同维护普遍安全，共同分享发展成果，共同掌握世界命运。要切

---

① ［美］罗伯特·基欧汉、约瑟夫·奈：《权力与相互依赖》，门洪华译，北京大学出版社 2002 年版，第 311—318 页；［美］约瑟夫·S. 奈、约翰·D. 唐纳胡主编：《全球化世界的治理》，王勇等译，世界知识出版社 2003 年版，第 32 页。

② 习近平：《携手合作　共同发展——在金砖国家领导人第五次会晤时的主旨讲话》，《人民日报》2013 年 3 月 28 日。

③ 习近平：《弘扬传统友好，共谱合作新篇——在巴西国会的演讲》，《人民日报》2014 年 7 月 18 日。

实提高发展中国家在联合国的代表性和发言权,使联合国更加平衡地反映大多数国家利益和意愿。"① 在中华人民共和国恢复联合国合法席位50周年纪念会议上的讲话中,习近平主席进一步指出:"推动构建人类命运共同体,需要一个强有力的联合国,需要改革和建设全球治理体系。世界各国应该维护以联合国为核心的国际体系、以国际法为基础的国际秩序、以联合国宪章宗旨和原则为基础的国际关系基本准则。国际规则只能由联合国193个会员国共同制定,不能由个别国家和国家集团来决定。国际规则应该由联合国193个会员国共同遵守,没有也不应该有例外。"② 由此可见,维护国际公平正义,推动国际关系民主化,构建人类命运共同体,一直是新时代中国外交的努力方向。

(四) 小结

我们身处的时代是一个将"民主"奉为至高政治价值和理想的时代,但也是一个充斥着对民主误解和滥用的时代。许多人视民主为解决其他政治和社会问题的关键,也有不少人视现代代议制民主模式为唯一真实且合法的民主模式,并认为所有国家都应该实行该模式。可是,倘若我们仔细分析民主的概念,考察民主的历史,就会发现"民主一元论"也好,"民主万能论"也好,都是一种有关民主的谬误认识。而之所以会产生这样的谬误,根本原因在于他们忽视了民主概念的多义性与民主话语的多重面相。

首先,民主是一种政治价值,但它不是唯一重要的政治价值。甚至在人类历史的绝大部分时间内,民主都称不上一种正

---

① 《习近平在联合国成立75周年纪念峰会上发表重要讲话》,《人民日报》2020年9月22日。
② 习近平:《在中华人民共和国恢复联合国合法席位50周年纪念会议上的讲话》,《人民日报》2021年10月25日。

面价值。无论是古希腊的柏拉图、亚里士多德，还是现代的柏克、尼采，都将民主视为一种存在着严重缺陷的政治原则。在他们看来，民主绝非一种人们应当无条件追求的理想，在很多时候，民主会败坏人的德性，它与许多卓越、高尚的品质无法共存，甚至和"正义"的标准背道而驰。民主不但不能包治百病，若不当采用，还有可能成为一剂致命的砒霜。

其次，民主作为一种政体形式，其实践历程展现出多种样态。在西方文明漫长的历史中，就先后出现过古希腊的城邦民主、古罗马的共和民主以及现代代议制民主等不同的民主形态。"民主是历史的、具体的、发展的，各国民主根植于本国的历史文化传统，成长于本国人民的实践探索和智慧创造，民主道路不同，民主形态各异。"[①] 在这个意义上，西方的代议制民主只是民主政体的一种模式，它绝非唯一合法的民主模式，甚至可能不是实现"人民统治"这一理念和目标的最佳方式。

最后，民主还可以被理解为一种管理体制或治理方式，通过决策民主、行政民主等环节来推动民众对政府决策和公共行政过程的参与。而在国际层面，要建立一个公正、平等、和平的世界秩序，使各国能够在涉及人类共同命运的事务上实现有效合作，就不能把民主仅仅限制在国内政治的领域，而应当推动国际关系和国际事务的民主化。作为治理方式的民主，主要是提升治理效能、推动达成共识的一种机制或手段。

只有历史地、具体地理解民主的概念和实践，才能对西方国家的民主神话进行"除魅"，也唯有如此，民主才会向我们显现出其本来的面貌，对西方民主客观、透彻的批判性研究才得以展开。

[①] 《中国的民主》白皮书，中国国务院新闻办公室网站，2021年12月4日，https//：www.scio.gov.cn/zfbps/ndhf/44691/Document/1717212/1717212.htm。

二　民主观念的异化：从政体原则到选举形式

民主制度并不是现代人的发明，在理论和实践两方面都有长久的发展历史。在古希腊城邦时代，西方民主政体一度等同于人民的直接统治，以及人民对政治的直接参与。而到了古罗马共和时期，"民主"则作为一种政体要素，被纳入共和政制当中，罗马平民通过"保民官"和"公民大会"影响国家政治，并对贵族的权力形成制约。但是，随着现代民族国家的兴起，代议制逐渐成为绝大多数西方国家所采用的民主形式。如今，代议制民主的支持者们普遍认为，民主政体在现代的实现方式，就是人民投票选举代表来治理国家。在很多人的印象中，西方民主的象征就是"议会"，民选的议员们在议会当中进行商议、辩论、投票，共同治理国家。但也有不少理论家质疑：西方的代议制民主是真的民主吗？"民主"作为一种政体原则的原初含义是"人民的统治"，代议制则使民主的内涵变成了"人民选举自己的统治者"。假如人民只有在选举议员和总统的那一刻才能对国家的政治事务产生影响，这样的制度还能叫做"民主制"吗？

我们已经考察了民主的古典形态，以及它在共和制下的表现。本章将重点讨论：民主在西方人的观念当中，如何逐渐和"代议制"乃至"选举"画上等号，在这个过程中，民主的意义发生了怎样的变化，以及国外理论家如何对现代民主的观念进行反思。

（一）遏制民主：代议制民主理论的底色

"代议制"（或"代表制"）在西方是一种古老的制度，并不是现代人的发明。如芬纳所说："在13、14世纪……首先是西班牙，其次是法国、英国和意大利，然后扩展至德国和斯堪的纳维亚地区，甚至在波兰和匈牙利也出现了大量议会机构。这些机构给予统治者一定的授权许可，并对其施加一定控制。"[1] 代议制在欧洲中世纪有两大渊源：一是基督教的大公会议主义，二是世俗国家的封建议会。在这两种制度当中，民主的色彩都微乎其微。大公会议的代表显然不是在代表"人民"，即便在第二种类型的代议制中，人民也不是通过其代表来掌控政府："近代的争论假定人民是一个整体，必须通过政府来代表他们；中世纪的争论则假定人民是一个部分，必须有人在政府面前代表他们。"[2]

近代代议制与中世纪代议制的断裂以17世纪的英国革命为标志。中世纪的议会本质上是国王面前的等级代表机构，上院代表贵族，下院代表"人民"，本质上都是咨议性的。1649年，英国议会派在内战中获胜，并处死了国王查理一世，使英国成为共和国。"光荣革命"之后，英国又逐步把国王纳入议会，形成了所谓"王在议会"和"议会主权"的局面。[3] 这时的议会，才被认为是整体人民的代表。之后的美国革命、法国大革命都

---

[1] ［英］塞缪尔·E. 芬纳：《统治史（第二卷）：中世纪的帝国统治和代议制的兴起：从拜占庭到威尼斯》，王震译，华东师范大学出版社2014年版，第442页。

[2] ［美］曼斯菲尔德：《近代代议制和中世纪代表制》，载刘小枫选编《施米特与政治法学》，刘锋等译，华东师范大学出版社2008年版，第257—291页。

[3] ［英］戴雪：《英宪精义》，雷宾南译，中国法制出版社2001年版，第116页。

在各个国家创造出了"整体意义上的人民",整体意义上的人民要求"不可分割的主权",于是政府整体就都是代表性的了。①

英国思想家托马斯·霍布斯是现代代议制理论的奠基人之一。他在《利维坦》一书中描述了合法的公共权力得以产生的方式:

> 把大家所有的权力和力量托付给某一个人或一个能通过多数的意见把大家的意志化为一个意志的多人组成的集体……这就不仅是同意或协调,而是全体真正统一于唯一人格之中;这一人格是大家人人相互订立信约而形成的,其方式就好像是人人都向每一个其他的人说:我授权并放弃统治我自己的权利,把它授予这个人或这个集体,但条件是你也放弃自己的权利并授予他,并以同样的方式授权他所有的行为。②

在霍布斯看来,这个人或者集体,就是主权的承担者或代表。但这样的国家未必是一个"民主"国家,主权的承担者虽然可以是"所有人",但同样可以是一位"君主",或少数"贵族"。不仅如此,"主权者"一旦产生,他一切的行为就都应当被看作是得到授权的。换言之,主权者虽然是所有人授权产生的"代表",可个人不但无法直接参与统治,甚至不能对"代表"的行为构成任何限制,而只能选择服从。但吊诡之处在于,霍布斯恰恰认为,只有不受限制的主权,才能保障个人的基本权利和国家持久存续。

从霍布斯的案例我们可以看出,现代国家的代议制仅能"在理论上"确保统治者得到人民的授权,但实际上却无法保障

---

① 赵晓力:《代表制研究》,当代世界出版社2019年版,第4页。
② Thomas Hobbes, *Leviathan*, Oxford: Oxford University Press, 1996, p. 114.

人民实际上进行统治。德国著名法学家卡尔·施米特（Carl Schmitt）则直接挑明，现代西方法治中的"代表制"和"民主制"是两种完全不同，甚至相互对立的原则。如果说"民主制"意味着"统治者与被统治者、治理者与被治理者、施令者与服从者的同一性"，意味着人民自己统治自己，那么，"代表"就是这种"同一性"不可或缺的反面。作为"代表"的总统和议会的一项重要功能恰恰在于平衡民主制的原则，从而让作为"主权者"的人民"待在幕后，暂时不走上前台"。① 现代早期的代议制理论也能证明这一点，美国建国者对 1787 年《宪法》的解释就是一个鲜明的例子。

美国政治制度被一些人视为民主的"典范"，但事实上，对原初意义上的"民主"的敌意，乃是美国政治制度的底色。列宁曾经指出："民主是多数人的统治。只有普遍、直接、平等的选举才可以说是民主的选举。"② 而在美国建国之初，只有成年的白人有产者才拥有投票权，广大妇女、有色人种以及没有财产的白人都无权投票。更关键之处在于，即便对于那些拥有投票权的"公民"，美国的"国父"们也在其设计的制度中有意地排斥他们对政治的直接参与。爆发于 1786—1787 年的"谢司起义"构成了美国费城制宪的一项重要背景，这是一次带有极强民主色彩的武装叛乱。美国之所以要制定新的宪法，并且建立联邦制政府，在很大程度上就是为了防范再次出现类似的民主革命。③ 在阐发 1787 年《宪法》义理的经典文献《联邦党人文集》中，作者之一的詹姆斯·

---

① ［德］卡尔·施米特：《宪法学说》，刘锋译，上海人民出版社 2016 年版，第 265—419 页。
② 《列宁全集》第 22 卷，人民出版社 1990 年版，第 53—54 页。
③ ［美］查尔斯·A. 比尔德、玛丽·R. 比尔德：《美国文明的兴起》，徐亚芬、于干译，商务印书馆 2010 年版，第 336 页；［美］查尔斯·比尔德：《美国宪法的经济观》，何希奇译，商务印书馆 1989 年版。

麦迪逊就着重阐发了民主和"党争"之间的关系。根据麦迪逊在《联邦党人文集》"第十篇"中的说法，所谓党争，就是一定数量的公民，为了自己或团体的私利，联合起来、采取行动，而不顾整个社会的长远利益和共同利益。党争是国家的严重威胁，但麦迪逊认为，党争的潜在成因，根植于人的本性当中。他首先否定了彻底消除党争的可能性，因为要消除党争，第一个办法就是摧毁作为党派基础的公民权利，毫无疑问，这等于因噎废食，治疗方法比病症本身还要糟糕；而另一个办法，即古典政治哲学治疗党争的方案——通过公共教化的方式，使"全体公民观点相同、激情相同、利益相同"也是无法实现的。因为人的理性容易出错，只要人自由施展理性，就会产生不同的观点，人的观点又会和激情相互影响，让观点变成激情依附的对象。与此同时，人的才智千差万别，于是人们占有财产的情况也各不相同。于是，社会必定会分化为不同的利益集团和党派，党争也就必然产生。

因此，党争无法消除，只能控制。然而，直接民主制不但不能抑制党争，反而为党争提供了滋生的土壤。

> 纯粹直接民主，找不到克服党派的办法，我指的是：全体公民可以聚在一起，亲自行使政府职权的人数很少的社会。几乎在所有的情况下，一种共同激情或利益，总会被全体中的多数感知；实行直接民主制的政府，本身就会促成交流和合唱，没有什么可以制止牺牲弱小群体或可憎个人的诱因。因此，直接民主从来就是骚乱和对抗的竞技场，个人安全和产权从未得到保障，总体来说，直接民主制都是短命的，而且死得暴烈。①

---

① [美]亚历山大·汉密尔顿、詹姆斯·麦迪逊、约翰·杰伊：《联邦论》，尹宣译，译林出版社2010年版，第62页。

麦迪逊并不打算让美国成为一个民主国家,而应当是一个"共和国"。所谓共和,"我指的就是由代议制组成的政府"。在他看来,相较于直接民主制,代议制主要有两大优点:一是政府的权力集中在公民选出的少数公民手中,"这批人的智慧,能辨识国家的真实利益,他们的爱国热情,他们对正义的热爱,不可能为了眼前的利益或部分人的利益,牺牲国家利益和正义"。可是麦迪逊非常清楚,人民未必总是能选出好人,倘若奸邪小人"通过阴谋诡计、腐蚀拉拢和其他手段,先骗取选票,然后背叛选民的利益",那么,代议制就变成了另一种形式的党争。①

麦迪逊提出代议制的另一项优点,即它可以适用于大国,换言之,它能够与美国的联邦体制相匹配。在这种情况下,就更容易选出优秀的代表。何以见得?首先,一个小共和国无论多小,选出的议员也总要达到一定人数,一个大共和国无论多大,议员的人数也总是有限的。总体而言,在大共和国里,议员占人口的比例要小一些,所以,在全部人口中选出优秀代表的可能性就相对较大;其次,在大共和国中每个代表要面对更多的选民,不称职的候选人想玩弄阴谋诡计就更加困难,因此选票更有可能集中到德才兼备的人身上。此外,大国人口众多、国土广袤,利益更加分散,占据多数的党派不容易形成,即便形成,也难以采取一致的行动。总而言之,在美利坚这样的大国,代议制比直接民主制更能够抑制党争,维护国家整体的利益。

这种对于直接民主和"民众激情"的警惕在《联邦党人文集》中随处可见,如在"第四十九篇"中,麦迪逊就极力反对通过向人民呼吁的方式来纠正违宪行为,因为"坐在裁决者席

---

① [美]亚历山大·汉密尔顿、詹姆斯·麦迪逊、约翰·杰伊:《联邦论》,尹宣译,译林出版社2010年版,第63页。

位上的,不是公众的理性,而是他们的激情。然而,应该控制和规范政府的,只是公众的理性,激情则应该由政府来控制和规范"①。在"第六十三篇"中,麦迪逊更是直言不讳,指出参议院这个"由一些稳健的、受人尊重的公民组成的机构"的作用就在于阻止人民误入歧途,像一个安全阀一样,"防范人民自身激情中的暴政"②。"第七十一篇"的作者汉密尔顿同样认为,总统作为人民利益的委托人,恰恰不能顺应民众一时的激情,而是应当"顶住这些盛行一时的欺骗和迷惑,给人民提供冷却的时间和机会,镇静反思"③。看来,确如阿克顿勋爵所"夸赞"的那样:"美国宪法远非一场民主革命的产物,亦非英国制度的对立物,它实则是一种对民主态度的强有力的反动。"④

代议制理论的另一位集大成者就是 19 世纪英国的政治思想家约翰·斯图尔特·密尔(John Stuart Mill)。对密尔而言,代议制是理想上最好的政府形式,原因在于,在一个大国中,代议制是最能保证主权属于整个集体的那种政府:"每个公民不仅对最终的主权的行使有发言权,而且,至少是有时,被要求实际上参加政府,亲自担任某种地方的或一般的公共职务。"⑤ 密尔看似是民主制的积极拥护者,实则不然。在他看来,真正的民主制应当是全体人民治理的全民政府,而非像"通常所认为的,也是迄今所实行的民主制"那样,是由人民

---

① [美]亚历山大·汉密尔顿、詹姆斯·麦迪逊、约翰·杰伊:《联邦论》,尹宣译,译林出版社 2010 年版,第 345 页。
② [美]亚历山大·汉密尔顿、詹姆斯·麦迪逊、约翰·杰伊:《联邦论》,尹宣译,译林出版社 2010 年版,第 435 页。
③ [美]亚历山大·汉密尔顿、詹姆斯·麦迪逊、约翰·杰伊:《联邦论》,尹宣译,译林出版社 2010 年版,第 492 页。
④ [英]阿克顿:《自由的历史》,王天成、林猛、罗会钧译,贵州人民出版社 2001 年版,第 166 页。
⑤ [英]J. S. 密尔:《代议制政府》,汪瑄译,商务印书馆 2014 年版,第 40 页。

当中的简单多数所治理的政府。这就意味着，真正的代议制民主理应采取"比例代表制"的原则，使那些在投票中属于少数的选民也能在国家权力机关中有自己的代表。然而，密尔此处所说的"少数"并非泛指，而是有具体的内涵。密尔认为，现代代议制政府的自然趋势就是朝向"集体的平庸"。

> 这种趋势由于选举权的不断下降和扩大而增强，其结果就是将主要权力置于越来越低于最高社会教养水平的阶级手中。但是有高度智力和优良品质的人虽然在数量上必然是少的，但他们的意见是否被听取则情况有很大不同。在虚假的民主制，不是给一切人以代表权而是仅仅给予地方的多数方面，受过教育的少数在代议制团体中可能根本没有代言人。①

由此可见，密尔口中的"少数"特指那些在社会中为数稀少的德才兼备之士。对他而言，在代表机关中为此类"少数人"保留一定席位，能够防止"民主的多数"在国家层面取得压倒性的优势，这对于维系社会的进步至关重要。因为密尔坚信，社会只有在不同力量的对抗中才能进步，一旦任何一方取得完全的胜利，又未发生其他冲突时，国家就会陷入停滞，接着便是衰退。所以必须在制度层面，保障"有教养的少数"能够对"民主制的多数"的本能倾向形成制约。② 为了实现他所理解的"真正的民主"，密尔不仅试图在"代表"层面保证"有教养的少数"的影响力，而且更进一步，在"选民"层面做起文章，甚至背离了民主制下所有人在政治上一律平等的原则。

---

① ［英］J. S. 密尔：《代议制政府》，汪瑄译，商务印书馆2014年版，第109页。
② ［英］J. S. 密尔：《代议制政府》，汪瑄译，商务印书馆2014年版，第112—113页。

因为他主张"每个人都应有某种影响,而更好和更明智之人应有更大的影响"。其实现方式,就是推行"复数投票制"(the plurality of votes),即给予那些接受过更高层次教育,或通过某种考试的选民两票或两票以上的投票权。① 由此可见,对民众智力和品德的不信任乃是密尔推崇代议制政府的一个重要原因。

毫无疑问,相比西方封建社会的世袭君主制或教皇制,现代国家的代议制具有鲜明的民主品质,毕竟,它至少在理论上承认,所有代表的权力在根源上属于人民,而非来自血统或上帝的授权。可是,从权力分配的角度看,现代代议制很难被认为是一种民主的政体形式。这不仅是因为它的核心在于人民必须借助代表的"中介"才能以政治统一体的名义行动,且代表在一定程度上独立于人民的意志,还由于现代的代议制往往通过"选举"的方式产生代表。在古典时代,民主制便等于人民的统治,民众不但可以直接参与政治,即便在需要挑选一些人从事某些公职的时候,采取的也多为"抽签制"或"轮换制"。② 这确保了所有人都有同等的机会担任公职,而且担任公职者多数来自一般民众。但选举却在本质上带有浓厚的"贵族特质",通过这种方式产生的代表必然在选民眼中具有一种杰出性,而非后者的同类,"他们不可能是人民的缩影,像全体人民一样本能地感觉、思考和行动"。③

---

① [英] J. S. 密尔:《代议制政府》,汪瑄译,商务印书馆 2014 年版,第 130—137 页。
② 王绍光:《民主四讲》,生活·读书·新知三联书店 2008 年版,第 245 页。
③ Bernard Manin, *The Principles of Representative Government*, Cambridge: Cambridge University Press, p. 153. 需要注意的是,该书作者认为,选举制下产生的代表并不一定真的具有客观的杰出品质,而是拥有选民主观认知中的某种杰出性。因此,选出来的未必是真正意义上的"贵族"。

可问题在于，无论是麦迪逊还是密尔，这些代议制理论家大都坦率地承认代议制和民主制之间的区别和张力，而且直言不讳地表明，采取代议制的一个目的，就是制约民主的激情、狂暴或平庸。此时，"民主"尽管被视为一种有缺陷的、需要被遏制的政治原则，但它至少保持了其在古典意义上的原初内涵。但进入20世纪之后，西方政治理论界出现了一种新的趋势。不少理论家开始将民主等同于代议制，甚至等同于竞争性选举，并宣称选举民主是民主唯一可能实现的方式。于是，民主的含义开始发生根本性的变化，在这个过程当中，民主成为世所公认的"好东西"。

（二）"选举"取代"民主"

19世纪末20世纪初，西方涌现出一批学者和思想家，如维尔弗雷多·帕累托（Vilfredo Pareto）、加塔诺·莫斯卡（Gaetano Mosca）、罗伯特·米歇尔斯（Robert Michels）等。他们的贡献在于提出了一种"精英理论"或所谓的"寡头统治铁律"。通过客观的"社会科学"研究，他们试图揭示这样一条社会规律：在一切社会中都存在统治者和被统治者，更进一步说，任何类型的社会都是少数"精英"在统治。民主国家也不例外，民主政治必然会蜕变为少数人或"寡头"的统治。[①]

这些"精英主义"的社会理论断定所有社会无一例外都被少数精英所控制，固然有其片面之处，但毕竟还是戳破了西方"代议制民主"的面具——代议制民主并不是真的人民当家作主，也不能真的代表人民的意愿和利益，其实不过是资产阶级

---

① ［意］加塔诺·莫斯卡：《统治阶级》，贾鹤鹏译，译林出版社2002年版；［意］维尔弗雷多·帕累托：《精英的兴衰》，刘北成译，上海人民出版社2003年版；［德］罗伯特·米歇尔斯：《寡头统治铁律：现代民主制度中的政党社会学》，任军锋等译，天津人民出版社2002年版。

精英的统治罢了。

但在 20 世纪中后期，西方有一些理论家开始另辟蹊径。既然实在无法弥合代议制和民主之间的张力，那就干脆重新定义"民主"，把代议制说成是民主唯一可能实现的形式——民主不再有其他含义，它就是代议制，甚至就是竞争性的选举。率先迈出这一步的就是美籍奥地利政治经济学家约瑟夫·熊彼特（Joseph Schumpeter）。1942 年，熊彼特发表了《资本主义、社会主义与民主》，他在这本书中重新诠释了"民主"的内涵，而他这种新的民主学说是以对古典民主理论的批判与修正为基础的。

值得注意的是，熊彼特口中的"古典民主理论"并非前文特指的有关古希腊城邦民主政制的学说（后者以直接民主为标志），而是 18 世纪的民主哲学。这种近代民主理论认为"民主方法就是为实现共同福利做出政治决定的制度安排，其方式是使人民通过选举选出一些人，让他们集合在一起来执行它的意志，决定重大问题"[①]。近代民主理论虽然已经不再追求人民的直接统治，而是采取了选举代表的方式，但其目的与古希腊的直接民主是一致的，那就是实现"共同福利"，执行人民的"共同意志"。

熊彼特则在根本上否认这种民主理论的前提，即"共同意志"和"人民意志"的存在。其一，"不存在全体人民能够同意或者用合理论证的力量可使其同意的共同福利"[②]。这是因为：（1）不同的个人和群体对于"共同福利"是什么这个问题有着截然不同，甚至根本对立的判断，此类在终极价值层面的分歧是无法弥合的；（2）即便人们对共同的福利或幸福存在共识，但是在实现幸福的具体方法和途径层面，仍然会存在分歧。

---

① ［美］约瑟夫·熊彼特：《资本主义、社会主义与民主》，吴良健译，商务印书馆 1999 年版，第 370 页。
② ［美］约瑟夫·熊彼特：《资本主义、社会主义与民主》，吴良健译，商务印书馆 1999 年版，第 372 页。

其二，民主过程也无法形成所谓的"人民意志"。熊彼特指出，如果"人民意志"要存在，那么"它必须有某些超乎漫不关心地徘徊于道听途说的口号和错误印象之间的含混冲动以上的东西"①。也就是说，公民必须拥有某些素质，如每个人必须明确知道他要支持的是什么，具有独立的意志，能正确地观察、解释政治事实，并清楚快速得出相应的结论。但熊彼特发现，人民根本不具备这些品质。普通人一旦离开家庭和工作场所，进入公共领域，就会彻底丧失现实感。因为对于他们而言，政治是一个虚幻的世界，它所涉及的问题看上去离他们如此遥远，国家大事的成功与否也似乎和他们没有什么切身的利害关系。于是，这种薄弱的现实感不但削弱了公民的责任感，还让他们失去了确定的意志，进而也就导致普通公民在公共政策问题上显得无知且缺乏判断力。熊彼特据此判断："人民是扶不起来的阿斗……典型的公民一旦进入政治领域，他的精神状态就跌落到较低水平上去。"② 结果就是，即便没有政治集团的影响，公民在政治问题上也会听任超理性或非理性的偏见和冲动想法的摆布；而在众多职业政客、党派和利益集团企图利用各种手段进行操纵控制的情况下，他们就能"在很大限度内改变甚至制造人民的意志。我们在分析政治过程时遇到的主要不是真正的意志，而是制造出来的意志。这种人工制造的东西常常在现实中与古典理论中的一般意志相适应。只要这种情形存在，人民的意志就不会是政治过程的动力，而只能是它的产物"③。

---

① ［美］约瑟夫·熊彼特：《资本主义、社会主义与民主》，吴良健译，商务印书馆1999年版，第375页。
② ［美］约瑟夫·熊彼特：《资本主义、社会主义与民主》，吴良健译，商务印书馆1999年版，第386页。
③ ［美］约瑟夫·熊彼特：《资本主义、社会主义与民主》，吴良健译，商务印书馆1999年版，第387页。

既然"共同福利"并不存在,而"人民意志"也只是少数掌权者塑造出来的东西,那么熊彼特理应得出和米歇尔斯、帕累托等精英主义理论家相似的结论——真正的民主根本不可能实现。可熊彼特却没有这样做,而是为"民主"赋予了一个新的定义。对熊彼特而言,"民主"只是一种达成决策的手段,而并非目的本身。古典民主理论的问题在于将"民主"抬高为一种理想信念,以至于忽视了自身并不稳固的前提,以及政治的现实状况。在古典民主理论的视野之下,首要的目标是把决定问题的权力授予全体选民,第二位的目标才是选举代表。熊彼特判断,这恰恰是古典民主理论陷入困境的原因所在。为了摆脱这一困境,熊彼特认为,应当将两者的次序调换过来,把选民决定政治问题放在第二位,把选举做出政治决定的代表作为民主的首要目标。于是,人民在"民主"过程中的作用就不再是进行统治、参与决策,而是产生政府,为精英的统治赋予合法性。决策是否出自人民的意志,是否能够增进共同的幸福,这些都是不重要的,只要存在选举产生政治领导人的程序,只要人民可以定期对统治者表达认可或进行罢免,"民主"就是充分且完善的。[①] 所以,民主就有了如下含义:"民主方法就是那种为做出政治决定而实行的制度安排,在这种安排中,某些人通过争取人民选票取得做决定的权力。"[②]

民主就是精英们竞争政治领导权的一套程序规则。熊彼特将民主政治比喻为一个市场,政治家们如同企业主,在政治市场上兜售自己的"商品"——政治理念和施政纲领,并运用政党、媒体等工具,鼓励、诱导乃至欺骗选民用自己手里的"货币"——选票来购买他们的商品。选民不决定问题,而只能在有限的范围

[①] 应克复等:《西方民主史》,中国社会科学出版社1997年版,第474—475页。

[②] [美]约瑟夫·熊彼特:《资本主义、社会主义与民主》,商务印书馆1999年版,第395—396页。

内挑选自己比较中意的候选人。无论最终哪个政治家或政党脱颖而出、掌握政权，都是少数精英在进行实际的统治。

意大利裔政治思想家乔万尼·萨托利（Giovanni Sartori）进一步发展了熊彼特式的民主理论。在《民主新论》中，他同样否认了在当下施行直接民主的可能性。萨托利指出，直接民主只有在古希腊城邦那样紧密的小型政治共同体内才能实现，而在现代的超大型国家和高度分工化、专业化的现代社会中，根本就不存在公民直接参与国家事务决策的条件，只能将其委托给职业化政治家进行处理。不仅如此，大众参与的直接民主本身就存在着严重的缺陷：那是一种"零和"、短视且加剧冲突的政治形态。所有人都卷入政治并不是什么好事，大众缺乏进行政治判断的知识和理性能力，在参与性的民主当中，往往会被盲目的激情和极端性的观点支配。萨托利甚至坦率地承认，大众的政治冷漠和不参与，在某种意义上对民主制的有效运转起到了正面的作用。萨托利之所以持有此种观点，是因为在他看来，直接民主或参与性民主实际上对公民的素质提出了更高的要求，但只要观察"现实"就会发现，公民不可能具备相应的品质。所以，民主只能以代议制的形式实现，其要义不在于人民进行治理，而在于被统治者选举和监督统治者。萨托利借用了罗伯特·达尔（Robert Dahl）的"多头政体"（polyarchy）概念，将民主定义为一种"选举式的多头统治"：大规模民主是一种程序或机制，它带来开放的多头统治，这种统治在选举市场上的竞争把权力给了人民，并且具体地加强了领导者对被领导者的责任。[①] 民主依然是精英的统治，但相较于前现代的政治秩序而言，它是得到了人民同意的精英统治，同时也是在法律约束之下的统治，通过自由、公开的竞争性选举，人民所拥有的

---

① ［美］乔·萨托利：《民主新论》，冯克利、阎克文译，东方出版社1998年版，第173—175页。

是在不同的精英统治者之间进行选择的权利。

通过重新诠释"民主"的内涵,将民主等同于竞争性的自由选举,20世纪的代议制民主理论一方面接纳了民主的价值;另一方面将民主纳入到精英统治的自由主义宪政秩序之下,消除了民主的"危险性",民主成为众所周知的"好东西"。① 人民作为"主权者"的意义仅在于每隔几年挑选一次自己的统治者,而在其他时间里,他们则会陷入沉睡。② 后世将此种民主观念称为"精英民主",这似乎是一个如同"方形的圆"一般的悖谬概念,但熊彼特、萨托利却说它是民主在现代得以实现的唯一方式。经过他们重新诠释的民主定义造成了深远的影响,塑造了西方社会对于民主的主流理解,并成为许多人的信条。例如,美国政治学家塞缪尔·P. 亨廷顿(Samuel P. Huntington)就把20世纪后期的苏联解体、东欧剧变和颜色革命统称为"第三波民主化浪潮"。亨廷顿明确指出,他所说的"民主"就是熊彼特意义上的民主,而所谓"第三波民主化浪潮",实则是竞争性选举民主在世界范围内的扩张。③

(三) 对代议制民主理论的反思

1. 共和主义者对代议制民主理论的批判

对代议制民主的一个根本性的质疑在于:它是否算得上一种"民主"制度? 早在18世纪后期,法国大思想家卢梭就对

---

① Michael Mandelbaum, *Democracy's Good Name: The Rise and Risks of the World's Most Popular Form of Government*, New York: Public Affairs, 2007, pp. xi – xviii.

② Richard Tuck, *The Sleeping Sovereign*, Cambridge: Cambridge University Press, 2016.

③ [美] 塞缪尔·P. 亨廷顿:《第三波:20世纪后期的民主化浪潮》,欧阳景根译,中国人民大学出版社2012年版,第3—5页。

代议制进行过深刻的批判。在《社会契约论》中，卢梭直接将矛头指向了代议制最基本的理论假设。卢梭指出，"人民主权"本质上是"公意"（general will）的体现，而"意志"是绝不可以被代表的。因此，说议员可以代表人民的意志，这本身就是一种荒谬的观念。所以卢梭说："凡是不曾为人民所亲自批准的法律，都是无效的，那根本就不是法律。"并且他指摘英国的代议制度："英国人民自以为是自由的，他们是大错特错了。他们只有在选举国会议员的期间，才是自由的；议员一旦选出之后，他们就是奴隶，他们就等于零了。"[①] 因此，卢梭强调，若要防止人民的主权遭到篡夺，那么一个国家的全体公民就必须定期集会，对"主权者是否愿意保留现有的政府形式"和"人民是否愿意让那些目前实际担负行政责任的人们继续当政"这两个提案进行表决。换言之，作为主权者的人民只有时常现身，亲自表达自己的意志，才能防止国家主权被他们所委任的官员所窃取。

20世纪50年代后期，英国自由主义思想家以赛亚·伯林（Isaiah Berlin）提出了两种自由的概念，即"积极自由"和"消极自由"。简单地说，所谓"积极自由"就是"去做……的自由"，而"消极自由"则是"免于……的自由"，即不受别人干涉或强制的自由。相比"积极自由"，伯林更加重视"消极自由"的价值。因为"消极自由"致力于保护个人自由不受侵犯的边界，而对"积极自由"的追求则可能导向专制、暴政乃至极权主义。伯林认为，对人民主权的追求很容易摧毁个人的主权，侵犯个人按照自己意愿生活的自由权利，进而导致多数甚至是全体的暴政。因此，重要的并不是"人民的统治"，而是不管谁在统治，国家权力都要受到限制，不能侵犯个人自由支配

---

① ［法］卢梭：《社会契约论》，何兆武译，商务印书馆2010年版，第120—121页。

的私人领域。① 自由作为个人防范多数强力意志的保障,甚至走到了民主的对立面。

伯林并非孤例,在冷战期间,他和弗里德里希·奥古斯特·冯·哈耶克(Friedrich August Von Hayek)、卡尔·波普尔(Karl Popper)等思想家共同促成了自由主义意识形态的复兴,塑造了西方社会的主流观念,为西方在冷战中打压"共产主义"思潮提供了理论武器。在这样的历史语境之下,选举民主的支持者们也尤其强调这种民主模式和自由主义原则的亲和性。② 据他们所说,选举民主不仅重点提防多数人的意志对个人自由的侵犯,而且强调用"宪政"将"民主"和"平等"原则严格限制在政治领域,防止后者染指社会、经济和私人生活。萨托利就曾明确表示,现代国家中的民主应当是一种严格意义上的"政治民主",而且是在自由主义框架之下的"宪政民主"。1997年,美国外交关系委员会理事法里德·扎卡利亚(Fareed Zakaria)在《外交事务》发表的文章中指出,非自由主义的民主不是真正的民主,它是民主最危险的敌人,而要救济这一危机的唯一途径就是巩固和发展"宪政自由主义"(constitutional liberalism)。③

选举民主和"宪政民主"的代言人们强调,只有他们所推崇的民主模式才能真正保障个人自由。然而,这种观念却遭到了汉娜·阿伦特(Hannah Arendt)、昆廷·斯金纳(Quentin Skinner)等"共和主义"理论家的批评。1963年,著名的犹太裔女性哲人汉娜·阿伦特发表专著《论革命》。这本书最后一章

---

① [英]以赛亚·伯林:《自由论》,胡传胜译,译林出版社2011年版,第167—221页。

② [法]邦雅曼·贡斯当:《古代人的自由与现代人的自由》,阎克文等译,上海人民出版社2017年版,第40—48页。

③ Fareed Zakaria, "The Rise of Illiberal Democracy," *Foreign Affairs*, Vol. 76, No. 6, 1997, pp. 22–43.

的主题就是美国共和政体的败坏。这种败坏在20世纪60年代中后期的美国政治中体现得淋漓尽致。阿伦特指出，把持着美国政府的，是高度官僚化的机构及其智库人员，这些"问题解决专家"主导着对越南政策的制定，最终做出一系列错误决策，并且制造谎言来蒙蔽民众。① 在1970年的《公民不服从》中，阿伦特更加直言不讳地断言："代议制政府本身面临着危机，是因为随着时间的流逝，它已经丧失了任何允许公民实际参与的制度；同时，它现在受到政党体制弊病的严重影响：官僚机构化和两党除了党派机器以外不代表任何人的倾向。"②

但在阿伦特看来，美国政治体制的腐坏不是眼下才发生的。早在美国的立国者选择代议制政府，并放弃了直接民主制的那一刻起，共和革命的精神就已经不可避免地丧失了。真实的代议制要么成为人民直接行动单纯的替代品，要么成为民选代表对人民实施的大众化控制式统治。这一切正是被熊彼特等人的民主理论正当化了的政治现实。但阿伦特拒绝这种正当化，因为这种状况无疑恢复了统治者和被统治者之间的区别，而根据她的理解，美国革命的目的恰恰是废除这一区分。人民再度被拒于公共领域大门之外，政府事务再度成为少数人的特权，共和制实际上堕落成了寡头制。③ 为了改变这一状况，为了恢复美国革命最初的精神，唯一的办法就是恢复美国在建国之前的市镇会议传统。也就是说，要建立一套委员会体系，它将发挥建国之前的市镇会议的功能，让公民能够充分参政、表达意见，成为"人人皆得以自由的唯

---

① [美]汉娜·阿伦特：《共和的危机》，郑辟瑞译，上海人民出版社2012年版，第1—36页。
② [美]汉娜·阿伦特：《共和的危机》，郑辟瑞译，上海人民出版社2012年版，第66页。
③ [美]汉娜·阿伦特：《共和的危机》，郑辟瑞译，上海人民出版社2012年版，第222、252页。

一实物场所"。在阿伦特心目中,建立这样的公共空间并加以保护,本就应当是美国这一共和国的建国目标。

正如我们所了解的,麦迪逊、汉密尔顿等美国建国者是出于避免党争、维系联邦制国家的稳定与统一等目的才选择了代议制。然而,这些理由都无法获得阿伦特的认可。因为,在阿伦特眼里,这些有关国计民生和国家安定的考虑都不属于"政治"的范畴,它们都落入了必然性的领域,而政治的目的就是实现自由。① 自由仅仅意味着"成为一名政府参与者"的权利,否则就什么也不是:"不享有公共幸福就不能说是幸福的;不体验公共自由就不能说是自由的;不参与分享公共权力就不能说是自由或幸福的。"② 假如美国革命的目的是将自由给予人民,并且实践自由的不仅是人民的代表,而是人民自己,这就意味着要让所有人都成为"公民",像古希腊城邦的公民那样,成为摆脱了必然性的、行动着的"政治人"。③

昆廷·斯金纳是剑桥思想史学派的领军人物,同样是西方代议制民主的批评者。1997年,斯金纳就任剑桥大学钦定现代史讲座教授,他的就职演讲经扩写后于次年出版,题为《自由主义之前的自由》。顾名思义,斯金纳意在阐述一种不同于现代自由主义意识形态的"自由"观念,即被他称为"新罗马法理论"的共和派自由理论。据斯金纳所说,这种自由理论在英国共和革命时期曾风靡一时,如哈林顿、西德尼、弥尔顿等,都是这种自由观念的阐发者。但共和派的自由观念后来被"经典自由主义"取代。所谓经典自由主义,即发端于霍布斯、洛

---

① [美]汉娜·阿伦特:《过去与未来之间》,王寅丽、张立立译,译林出版社2011年版,第139页。
② [美]汉娜·阿伦特:《论革命》,陈周旺译,译林出版社2019年版,第204、238页。
③ [美]汉娜·阿伦特:《政治的应许》,张琳译,上海人民出版社2016年版,第109—110页。

克的自由观念，认为自由就在于个人行动不受强制和干涉，其在 20 世纪的代表，就是伯林的"消极自由"学说。

斯金纳和阿伦特一样，同样试图发掘一种不同于"自由主义"的自由观念，作为他批判代议制民主的前提。原因在于，他认识到，自由主义意识形态和"精英理论"一样，同样为 20 世纪的代议制民主提供了理论基础。只不过斯金纳没有提及精英理论，而是将伯林式的自由观念作为自己主要的靶子。对伯林而言，一个国家采取什么样的政体并不是最重要的，即便专制君主也可能让自己的臣民拥有广泛的个人自由。① 斯金纳则指出，伯林的观点依赖于这样一个前提，即"消极自由是指仅仅受到强制干涉的危害。由此，自然推论出，依从和缺乏自治（self-government）并不能被理解为缺乏自由"②。但斯金纳却说，这是一个完全不可靠的前提，至少在共和派理论家们看来，个人自由只有在自由政体中才能获得，"共和国是君主的还是民众的，自由并不始终相同"③。斯金纳举了不少共和派作家的例子，试图证明在新罗马法理论家们眼中，只有在每个公民都有权平等地参与政治决策和公共事务的国家，民众才能享有真正意义上的自由。既然在君主制和民主制下，人民拥有的自由并不相同，那么，就不能说在代议民主制和直接民主制下，人民可以享有同等的自由权利。换言之，在代议制民主下，大多数人仍然处于依从的、被支配的状态，只有真正的自治和普遍的政治参与才能让人民真正获得自由。但需要注意的是，作为思想史家的斯金纳并没有忠实地还原他所引用的那些思想家的观点。因为事实上，这些共和派作家强调的往

---

① ［英］以赛亚·伯林：《自由论》，胡传胜译，译林出版社 2011 年版，第 178 页。

② Quentin Skinner, *Liberty Before Liberalism*, Cambridge: Cambridge University Press, 1998, p. 115.

③ Quentin Skinner, *Liberty Before Liberalism*, Cambridge: Cambridge University Press, 1998, p. 86.

往是有政治德性的贤人参与政治决策的权利，而非每个公民都有权参与政治。所以斯金纳主张的实际上并非英国16—17世纪的共和派的自由观，而是他自己的一种更为激进的自由观念。①

另一位剑桥学派的政治理论家约翰·邓恩（John Donne）则致力于追索"民主"的原初含义。通过考察"民主"意义的古今之变，邓恩发现如今的代议制民主已经彻底扭曲了民主的概念，它使民主失去了古典民主"自我统治"的内涵，变成了一种对统治正当性来源的规定，"今天，国家和政府从定期的选举中汲取其正当性；在选举中，公民们的投票至少具有合理的、平等的分量，并且，任何没有被宣告为违法的政治意见都能自由地争取自己的地位"②。他将矛头直指熊彼特式的民主观念。邓恩指出，代议制理论家将选举产生的政治家类比为替富人打理产业的管家，但这是一种对现实过度失真的美化。选民之所以挑选他们的政治家，是为了他们将来展现出管理的特质。可是，一旦这些政治家被选择出来，政治家和选民之间的关系就发生了显著的变化。政治家并非人民的管家，而是他们的统治者："混合着代管工作的统治，是一种权力与责任的让渡，这比民主雅典的任何公民曾经被要求做出的权力与责任让渡都要严格得多，其让渡的程度也要深得多。"③ 在这种情况下，选民不但容易为过去的选择感到后悔，更加容易在面对选择时茫然失措，对投票而来的收获感到沮丧，甚至放弃选择的权利。这也是西方国家选举投票率长期低迷的原因。当这种沮丧情绪达到极致之时，会使得人口中相当一部分抛弃选举，而职业政治家

---

① 刘小枫：《以美为鉴：注意美国立国原则的是非未定之争》，华夏出版社2017年版，第305—396页。
② [英] 约翰·邓恩：《让人民自由：民主的历史》，尹钛译，新星出版社2010年版，第8页。
③ [英] 约翰·邓恩：《让人民自由：民主的历史》，尹钛译，新星出版社2010年版，第185页。

则可能渐渐被视为体制性腐化的弄权者，他们除增进自己的利益之外别无他图——民主也就名存实亡了。

所以邓恩认为，在现代社会，只有审议民主才能真正体现"民主"的内涵。邓恩所说的审议民主的要义不仅在于深思熟虑、全神贯注而又心怀善意地进行决策，还要把决策看作是有关公共利益的决策，而非对个人最有利的算计。它的决策过程能够广纳众议，确保受到决策影响的、能足够成熟和理智地认清其利益相关的所有人，都能够积极参与到决策中来。邓恩将审议民主定义为这样一种决策方式："所有人都能够平等地参与这一审议的过程，所有有此意愿的人事实上也确实参与进来了，而且他们在审议之中有着同等的地位。"①

2. 马克思主义者对代议制民主理论的批判

除了共和派，马克思主义理论家们同样将代议制民主作为反思的对象。马克思、恩格斯本人就曾对资产阶级代议制民主的实质进行过深刻的揭露。在他们看来，资产阶级代议制民主虽然在形式上赋予公民自由和平等的权利，但本质上仍然只是资产阶级内部的平等。在资本主义社会里，政治权力只能是为在经济上掌握生产资料的资产阶级服务的。作为资产阶级统治形式的代议制民主必定是一种虚假的民主，在虚幻的自由平等的形式之下，仍然是其阶级统治的实质。表面上看，代议制民主制度下存在着投票选举，以及各资产阶级政党为争取人民选票和国家政权而进行的激烈竞争，但实际上，这不过是资产阶级内部势力协调和利益再分配的一种方式而已。正如恩格斯在评论英国民主时所说的那样，两党轮流执政不过是"使资产阶级统治永存的旧政党的跷跷

---

① ［英］约翰·邓恩：《让人民自由：民主的历史》，尹钛译，新星出版社 2010 年版，第 197 页。

板游戏"①。真正的民主、平等和自由，只有通过无产阶级的革命才能实现。

进入20世纪，比起马克思、恩格斯的时代，资本主义社会的经济基础及其上层建筑已经发生了深刻变化，马克思主义理论也随之有了进一步的发展。赫伯特·马尔库塞（Herbert Marcuse）就是这一时期西方马克思主义思想家的代表。在他看来，西方的代议制民主乃是发达资本主义社会"单向度"（one-dimensionality）特性的一个重要表现。马尔库塞指出，第二次世界大战（简称"二战"）之后的西方资本主义社会尽管在经济、技术等方面高度发达，但是这一切带来的只不过是对人更严密、更高效的控制。发达资本主义社会通过技术理性的统治，造成对"爱欲"额外的压抑，压制不同的意见和声音，制造出人们对消费的虚假需求，导致强制性的消费，最终使当代工业社会蜕变成一种"单向度的社会"。"单向度的社会"塑造出"单向度的人"，他们不加反思地接受了社会的一切规制，失去了对现实的批判能力。总而言之，当代的发达资本主义社会是一个拒绝"质变"、不依赖恐怖手段的"极权社会"。②

在这样的社会中，民主扮演着怎样的角色呢？马尔库塞直截了当地表示，民主如今完全可以表现为一种最有效的统治制度。③ 这里的"统治"，当然不是人民自己进行统治，而是对人民施加的统治。马尔库塞把莫里斯·詹诺维茨和德瓦恩·马维克的民主理论作为自己分析的案例。他们和熊彼特一样，接受了民主的"竞争"理论，按照这种理论，民主选举即是"选举和否决为谋取公职而竞争的候选人"的程序。为了真正具有操

---

① 《马克思恩格斯选集》第1卷，人民出版社2012年版，第80页。
② ［美］赫伯特·马尔库塞：《单向度的人：发达工业社会意识形态研究》，刘继译，上海译文出版社2008年版，第5页。
③ ［美］赫伯特·马尔库塞：《单向度的人：发达工业社会意识形态研究》，刘继译，上海译文出版社2008年版，第43页。

作性质,这个定义要求确立评判政治竞争特征的"标准",而他们则提供了以下三条。

第一,民主选举要求对全体选民有影响的相互对立的候选人之间进行竞争。

第二,民主选举要求两个政党都努力维持已确定的投票集团,都努力吸引无党派投票人,都努力从对立政党中争取改变立场者。

第三,民主选举要求两个政党都尽量争取赢得当前选举的胜利,但无论胜败如何,两个政党都必须继续努力增加其在以后的选举中获胜的机会。

马尔库塞发现,这些定义相当准确地描述了1952年美国选举的实际情况。这意味着,西方民主理论在单向度意识的控制下,已经不自觉地把西方民主的具体实践当成了民主本身的标准。这种对民主的分析框架是"封闭"的,"由于受这一框架的约束,研究成了循环的、自我生效的。如果'民主'按照这种有限制然而现实的具体进程来定义,那么在研究得出结论之前这一进程就已经是民主的"①。

代议制民主理论已经沦为现实政治秩序的附庸和帮凶,完全丧失了批判和反思的维度。它意识不到,在技术理性支配的发达工业社会中,人民既不可能自己统治,也不可能选出能反映真实民意的代表,他们完全被"系统"所控制。民主选举呈现出的多元结构和政党之间的相互竞争也只是假象,各政党都已经接受了发达资本主义社会的基本前提,呈现出明显的一致和趋同现象。他们看似彼此对立,实际上都是当下"单向度社会"这一宰制系统的维护者。②

---

① [美] 赫伯特·马尔库塞:《单向度的人:发达工业社会意识形态研究》,刘继译,上海译文出版社2008年版,第91—93页。
② [美] 赫伯特·马尔库塞:《单向度的人:发达工业社会意识形态研究》,刘继译,上海译文出版社2008年版,第17页。

有一点是连马克思都未曾预料到的，那就是由于福利国家政策带来了生活质量的较大改善，在马克思看来最具有革命性的工人阶级也被这个社会所同化了，失去了革命性。① 因此，马尔库塞认为，工人阶级已经无法充当革命的主体。要想打破这个单向度的社会秩序，实现真实的民主，只能依靠流浪汉、嬉皮士、被虐待的有色人种和青年学生这些社会的边缘人群，通过一项"总体革命"——与资本主义社会的一切统治彻底决裂来实现。

德国哲学家尤尔根·哈贝马斯（Jürgen Habermas）是当代西方马克思主义的另一位举足轻重的学者。和马尔库塞一样，他对代议制民主的批判也是其对发达资本主义社会整体批判的一部分。哈贝马斯关心的是发达资本主义社会面临的结构性危机，在他看来，第二次世界大战后的资本主义社会并没有消除经典马克思主义分析的那种资本主义的结构性危机，而是从经济领域延伸到政治、社会、文化等领域，从而在这些领域导致了所谓的"合法化危机"。但合法化危机是一种直接的认同危机，社会成员对秩序本身的失望、疏离乃至厌恶，无法通过经济的发展或行政合理化程度的提升而得到解决："它不是由于系统整合受到威胁而产生的，而是由于下列事实造成的，即履行政府计划的各项任务使失去政治意义的公共领域的结构受到怀疑，从而使确保生产资料私人占有的形式民主受到质疑。"②

所谓"公共领域"，指的是一种介于市民社会中日常生活的私人领域与国家权力领域之间的机构空间和时间，其中个体公民聚在一起，共同讨论所关注的公共事务，形成某种接近于公共舆论的一致意见，并共同对抗武断的、压迫性的国家与公共权力形式，从而维护整体利益和公共福祉。哈贝马斯认为，在

---

① ［美］赫伯特·马尔库塞：《马尔库塞文集（第二卷）：走向社会批判理论》，高海青、陶焘译，人民出版社2019年版，第204页。
② ［德］尤尔根·哈贝马斯：《合法化危机》，刘北成、曹卫东译，上海人民出版社2009年版，第54页。

资本主义文明的历史上,"公共领域"曾经扮演着正当性之承载者的角色。然而,在自由资本主义短暂的黄金时代过去之后,市场自由主义对社会和国家的瓦解作用,以及社会和国家对这种挑战的应对,最终导致了公共领域的衰落与瓦解。① 当今,欧美发达资本主义社会中的公共领域是"失去了政治意义的公共领域",其标志就是一种"形式民主":一方面,借助于资产阶级意识形态的普遍主义价值观,公民权利包括参与政治选举的权利得到普及,这使得合法性的创造必须依靠选举的机制。另一方面,为了避免人们意识到社会化管理的生产与私人对剩余价值的继续占有和使用之间的矛盾,就不能实行"实质民主",亦即不能让公民真正参与政治意志的形成过程。所以,发达资本主义社会中的民主就只有选举代表的外在仪式,而不具备民主的实质。用哈贝马斯的话说:"形式民主的制度与程序的安排,使得行使决策一直独立于公民的具体动机之外……在这些条件下,公民在一种客观的政治社会中享有的是消极公民的地位,只有不予喝彩的权利。"②

哈贝马斯指出,为这种"形式民主"提供正当性的主要是两类观念:一是精英理论或技术专家治国论,前者可以追溯到熊彼特和韦伯那里,后者则可以追溯到20世纪20年代的制度主义学派;二是"自由主义"的民主范式,它以维护个体的私权为中心,将公民视为"消极自由"意义上的私人。在这种视野之下,法律秩序的意义在于保障个人权利,限制政府权力,民主则是一种实践工具,以对抗和制衡国家权力,并实现私人的社会利益。③

---

① [德]尤尔根·哈贝马斯:《公共领域的结构转型》,曹卫东等译,学林出版社1999年版。
② [德]尤尔根·哈贝马斯:《合法化危机》,刘北成、曹卫东译,上海人民出版社2009年版,第41页。
③ [德]尤尔根·哈贝马斯:《包容他者》,曹卫东译,上海人民出版社2002年版,第279—293页。

"形式民主"不仅排除了公民的实质性参与,而且把民主当成一种服务于私人利益的工具手段,它自然无法形塑出公民对政治秩序的认同,解决当代资产阶级社会的合法化危机。

为了克服现代社会的危机,哈贝马斯提出了一种既不同于自由主义,也不同于共和主义的"审议民主"理论。哈贝马斯没有马尔库塞那么激进,他在一定程度上承认代议制民主在保护个人权利、维护社会秩序方面的积极作用。但是他认为,只有审议民主才能真正实现个人和共同体、个人权利和人民主权的辩证统一。哈贝马斯审议民主的特点在于,它是一个"双轨的商议性政治的概念",在意见和意志形成的两个不同层次的轨道上进行,一个具有宪法建制形式,另一个则不具有正式形式。第一轨道属于国家权力运作层面的协商,目的在于形成具有法定强制力的决策和决定,它是严格按照法制化程序进行的民主审议,不仅流程规范,也注重结果和利益妥协,尊重社会分化的复杂现实,包含了代议制民主的一些方面;后者发生在非正式的各类公共领域中,具有更强的开放性,旨在通过自由平等地公共商谈,对社会上具有分歧性和争议性的问题达成共识,并发现新的公共议题。[①] 通过双轨化的审议民主,哈贝马斯希望重建公共领域,促进公民的政治参与和自治,使民意切实地体现在政治进程中,从而实现真正意义上的民主。

(四)小结

试想,一位伯里克利时代的雅典公民来到21世纪的美国,目睹了代议制民主在美国的实践,他会对此如何评价呢?首先,

[①] [德]尤尔根·哈贝马斯:《在事实与规范之间:关于法律和民主法治国的商谈理论》,童世骏译,生活·读书·新知三联书店2003年版,第358—409页。

他或许会感到惊讶，因为他发现除了成年男性公民之外，女性也拥有投票选举总统和议员的权利，而且还拥有成为候选人的资格。但同时，他又会觉得这与他心目中的"民主制"相去甚远。因为在雅典公民们看来，民主意味着"人民的统治"，意味着每一个公民都应当平等地直接参与政治，这不仅是权利，更是一种义务。而现代西方的代议制民主虽然打着"民主"的旗号，可公民却无法亲自参与重大公共事务的决策，遑论对国家进行"统治"。在有的学者看来，所谓代议制民主，实质是一种"选主"制度。[①]

对从雅典"穿越"至今的那位公民而言，"代议制"和"民主制"的结合也许是一件荒唐的事情。代议制或代表制源于欧洲中世纪的制度实践，并在近代以来的西方民族国家中得到了广泛应用。从一开始，代议制就带有极强的精英主义色彩，其目的恰恰在于限制人民的直接政治参与，用少数人的智慧约束绝大多数人民的激情。可经过熊彼特、萨托利等理论家的改造，代议制民主甚至取代了古典意义上的直接民主，在许多人眼中成为"民主"在现代社会得以实现的唯一方式，民主不再意味着人民亲自统治国家，或者亲自参与政治，而意味着人民定期地选举自己的统治者。

但代议制民主真能实现"人民的统治"么？许多国外学者也提出了这样的疑问。在共和主义者们看来，代议制民主剥夺了人民亲身参与政治的机会，使他们被封闭在私人领域之中，实则是取消了他们作为公民的身份，进而摧毁了人类本应当享有的自由。而马克思主义者们则认为，西方的代议制民主不过是资产阶级对无产阶级进行统治的工具。虽然代议制民主保留了人民在形式上选举和监督代表的权力，但这种形式只不过是

[①] 王绍光：《民主四讲》，生活·读书·新知三联书店 2008 年版，第 243 页。

一副伪装，它既不具备民主的"实质"，也不能真正地体现人民的意志，其所维护的，仍然是资产阶级的利益。

  国外学者对代议制民主的反思，为我们揭示了一个根本性的事实，人民当家作主乃是"民主"的应有之义，否则，无论以怎样华丽的理论进行包装，它都不能叫作真正的民主。换言之，无论是直接还是间接的民主制度，都要保障人民对政治的有效参与，确保法律和政策反映人民的心声。唯有如此，民主制度才不会徒有虚名，才具有生命力。

三　西方民主的制度性弊端

　　施米特认为,代议制政府是在理想而不是现实层面上获得其存在理由的:它不是利益集团讨价还价的场所,而是自由思考的议员们理性商讨的论坛,以达到对他们的集体要求有一个更好的了解。激烈的议会辩论能促进民众智识的培养并最终产生对政策问题开明的共识。① 根据这种理想,西方的代议制民主既能够保障政治权力来自人民,使政治权力得到人民的监督和法律的约束;又能够选出德才兼备的代表,代替人民治理国家,防止多数的暴政。我们知道,这种对民主的理解,已经在很大程度上扭曲了民主的原初含义,它不再是人民的统治,也不是公民对政治的参与,而是人民选举自己的统治者。支持代议制民主的理论家们认为,在民族国家当中施行直接民主或参与式民主已不可能。因此,人们必须抛弃不切实际的幻想,认识到代议制是唯一现实的民主形式,也是在现代社会同时实现人民主权和善治唯一可能的方案。

　　可是,在降低民主理想的标准之后,西方的代议制民主就能兑现自己的承诺吗?在2022年出版的《美国民主的危机》的"前言"中,学者大卫·朗德尔(David Rondel)就向读者列数

---

① [美]斯蒂芬·霍尔姆斯:《反自由主义剖析》,曦中等译,中国社会科学出版社2002年版,第64页。

了当下美国民主制度实践中存在的严重缺陷：包括国会选区的不合理划分、使用"黑钱"（dark money）资助竞选、媒体大规模散布假新闻和虚假信息、对公民选举权的肆意剥夺等。① 此外，无论是美国民主党和共和党的分裂，还是民粹领导人在西方社会中的兴起，抑或是军工、医疗等大利益集团对西方国家政策的操纵，这些现象都在告诉我们西式民主制度的实践已经陷入了危机。问题在于，这套制度是如何引发上述种种弊病的？从本章开始，我们将把关注的重点从"理念"转向"现实"，透过国外学者的目光，分析现实中西方民主制度的内在缺陷，探究它在实践中无法选贤举能、保障人民的利益、凝聚人民共识的制度性根源。

（一）多党竞争与政治极化

据说代议制民主制度不仅能够预防党争，还可以阻挡暴政。美国国父们在设计本国的政治制度时似乎对此信心满满。但事实却是，西方的代议制民主始终与党争相伴相随，近年来，西方各国政治极化的趋势则更加明显。美国政治学家亚当·普沃斯基（Adam Przeworski）认为，近年来，各西方国家的政党和选民对于政策的态度都普遍走向了极化。选民的立场更加趋向左、右两级，处于中间立场的选民规模正在缩小。在政党层面也是如此，传统政党体制走向衰退，极端政党迅速崛起，西方国家的不同政党在意识形态上比过去更加分裂。② 在美国，近年来共和党和民主党政治极化凸显，而在欧洲，左翼政党和右翼政党之间的分歧与矛盾也愈发难以弥合。我们不禁要问，为什

---

① Leland Harper ed., *The Crisis of American Democracy: Essays on a Failing Institution*, Wilmington: Vernon Press, 2022, pp. v – viii.
② [美]亚当·普沃斯基：《民主的危机》，周建勇译，上海人民出版社2022年版，第74—88页。

么产生这样的后果？究竟是因为西方的民主制度无法防范党争，还是由于这种制度本身就是加剧党争的因素？

党争始终与西方现代的民主政制相伴相生。以美国为例，"两个美国"的对立一直就是历史的常态。在建国后不久，就发生了以汉密尔顿为首的"联邦党"和以托马斯·杰弗逊为领袖的"民主共和党"之间的斗争；而在内战前后，"两个美国"的主角则成了加里森废奴主义者和南方的白人保守主义者，双方争斗的结果就是惨烈的南北战争；内战结束之后，随着美国进入"镀金时代"，经济快速发展带来社会贫富分化，不同社会阶层的矛盾愈发尖锐，也导致民主、共和两党之间的政治极化成为常态。20世纪20年代开始的"大萧条"和第二次世界大战虽然促成了"新政共识"，但70年代初期的两次石油危机，让西方世界陷入经济滞胀，阶层分化愈加严重，社会分裂不断加剧。在这一时期，美国作为一个自由社会的共识逐渐破产，自由主义的价值多元走向了逆向种族主义，与此同时，保守主义的文化寻根开始赢得更多民心。20世纪80年代以来，正是自由主义和保守主义的严重对立，造就了共和党的里根、老布什、小布什和特朗普，也成就了民主党的克林顿、奥巴马和拜登。① 这种激烈的党争和政治极化并非没有后果，米歇尔·克罗齐（Michel Crozier）、塞缪尔·亨廷顿、绵贯让治在综合分析了美国、欧洲、日本三国的民主政治实践之后，发现西式民主制度中过度的政治竞争导致了社会利益的分散、共同目的的消失以及政党的衰弱与瓦解。② 就连曾经在1989年提出"历史终结论"的政治学者弗朗西斯·福山，面对美国政治的现状，也痛

---

① 欧树军：《"两个美国"才是常态？——美国社会分裂的历史脉络》，《文化纵横》2021年第2期。

② ［法］米歇尔·克罗齐、［美］塞缪尔·亨廷顿、［日］绵贯让治：《民主的危机》，马殿军等译，求实出版社1989年版，第138—144页。

心疾首地指出，民主、共和两大政党立场的极化使得美国分权制衡的制度运行失灵，造成"否决政治"，其逻辑便是：凡是对手支持的，我们就反对；凡是对手反对的，我们就支持。这种否决政治必定导致国家的严重内耗，以及决策、治理效能的低下。①

那么政治极化的制度源头是什么呢？原因当然不止一种，从历史唯物主义的角度来看，政治极化的根源还是在于经济上的贫富分化和分配不均，除此之外，宗教、文化层面的分歧也是党争和政治极化的诱因。麦迪逊在《联邦党人文集》中就已经指出，党争在某种意义上是不可避免的，因为它根植于人性，同时也是社会利益和观念分化的必然后果。问题在于，如何用制度和法律抑制人类社会的此种自然倾向，防止它走向极端？罗伯特·达尔（Robert Alan Dahl）认为，现实中可行的民主制度就应当建立在这种多元化的社会格局之上，并以制度化的方式促进不同利益团体之间的公开竞争和妥协，他相信这种体制既能保障自由，又具有广泛的包容性，并将之命名为"多头政体"。② 毫无疑问，西方的多党制就是"多头政体"的一个重要体现。如今，欧美国家的选举制民主已经成为各大政党对民众选票的竞争，不同的政党代表不同的利益团体、阶层或治国理念。可事实却表明，这种多党竞争的体制本身就是政治极化、社会撕裂的一大祸首，甚至可以说，"政党极化"本身就是政治极化的一个核心表现。

政党和政党体制是一种独特的现代政治现象。萨托利认为，随着现代社会中一般民众的政治觉醒和政治参与，即随着现代

---

① ［美］弗朗西斯·福山：《政治秩序与政治衰败：从工业革命到民主全球化》，毛俊杰译，广西师范大学出版社2015年版，第445—460页。

② ［美］罗伯特·达尔：《多头政体：参与和反对》，谭君久、刘惠荣译，商务印书馆2003年版。

社会的普遍政治化，使社会融入国家，以及使国家融入社会的沟通规则就必须通过政党体系结构化的方式建立起来。对现代国家而言，政党是不可或缺的沟通机构，政党体制则成为极为重要的政治沟通体系。① 那么何为政党极化？萨托利最早使用"极化的多党制"（polarized pluralism）的概念来分析意大利、法国等欧洲国家的政党体系，并认为这是一个以离心驱动力、不负责的反对党和不公正的竞争为特点的政治制度，它很难抵御内部和外部的危机。② 克劳德·费雪（Claude S. Fischer）和格雷戈·马特森（Greggor Mattson）则认为，所谓"政党极化"，就是每个政党在其内部都变得更加一致，政党的拥护者在各项事务上都更加听从他们的政党，并且这种阵营分野越来越能体现社会在意识形态和政策层面的对立和分歧。③ 美国的政党极化就与其社会的政治极化趋势基本保持同步，在1969年的尼克松时代和1976年的福特时代，在参、众两院，共和党人按政党原则投票的比例大约是65%，民主党的比例大致相当。但到了2001—2004年的小布什时期，共和党人和民主党人按政党原则投票的比例就分别达到了90%和85%。④ 欧洲的状况也是如此，近年来，欧洲社会急速右转以及民粹主义的盛行，就和欧洲各大政党的民粹主义演化密切相关。西班牙的"我们能"党、德国的选择党、法国的"国民阵线"、英国独立党这些新、老右翼民粹主义政党强势崛起，它们鲜明、极端的立场挤压着欧洲政

---

① [意] G. 萨托利：《政党与政党体制》，王明进译，商务印书馆2006年版，第63—65页。

② [意] G. 萨托利：《政党与政党体制》，王明进译，商务印书馆2006年版，第184—207页。

③ Claude S. Fischer, Greggor Mattson, "Is America Fragmenting?" *Annual Review of Society*, Vol. 35, 2009, pp. 435–455.

④ Aaron Bramson et al., "Understanding Polarization: Meanings, Measures, and Model Evaluation," *Philosophy of Science*, Vol. 84, No. 1, 2017, pp. 115–159.

党政治的思想谱系和活动空间，迫使老牌的主流政党出于生存需要，逐步将民粹主义政党的一些思想理论和政策主张也纳入自己的政策选项。①

西方政党之所以会走向极化，根本原因在于西方政党具有强烈的宗派特性。早在19世纪，法国政治思想家阿历克西·德·托克维尔（Alexis-Charles-Henri Clérel de Tocqueville）就意识到了政党固有的派性特征，并称之为"自由政府的固有灾祸"。②而萨托利虽然强调政党不是"宗派"，它服务于集体的福祉而非竞争者个人的福利，但萨托利也承认政党很可能和类似宗派的事物重叠，"在这个意义上，派系主义（factionalism）是政党安排中一直要面对的诱惑，是政党一直要面对的可能退化方向"③。西方政党的这种宗派性倾向使其往往只能代表社会中一部分人的利益，将一些人的立场和观点无限放大，不考虑整体，因此很容易趋向政治极化。

另一个原因在于现代政党的高度组织化。施米特在《宪法的守护者》中对20世纪初的德国魏玛宪政进行分析时，就发现当时的德国议会已经从一个由自由的人民代表所组成的、建构统一性的以及自由集会的展现场域，一个将政党利益转变为超政党意志的转化者，变成组织性的社会力量展现其多元主义分化倾向的场所。④ 施米特认为，之所以会如此，一个重要原因在于政党本身的性质发生了变化。总体而言，19世纪的政党是建立在自由舆

---

① 张小劲、王海东：《欧洲政党最新演化的类型学分析》，《当代世界与社会主义》2017年第2期。

② ［美］托克维尔：《论美国的民主》（上卷），董果良译，商务印书馆1988年版，第195页。

③ ［意］G. 萨托利：《政党与政党体制》，王明进译，商务印书馆2006年版，第52—53页。

④ ［德］卡尔·施米特：《宪法的守护者》，李君韬、苏慧婕译，商务印书馆2008年版，第119页。

论基础之上的松散组织,"无论是'自由'或者'宣传',就其理念而言,都禁止任何形式的社会性或经济性压力",而只允许采取自由说服的手段来争取自己的支持者。而20世纪的大多数大型政党,则已经高度组织化、专业化,并且具有自己的官僚阶层、一支稳定而有收入的政党干部大队,以及一个由援助组织与支持组织所构成的整体系统。这些党派组织每一个都有自己的一套"完整的文化纲领",共同构成了一个多元主义的政党国家。施米特指出,这样的国家是相当脆弱的,因为高度组织化的多元主义政党分割了国家的统一性,它们取代国家成为公民忠诚的对象:"由于国家本身在相当程度上已转变为一个多元主义的建构体,因而在相同范围内,对于国家及其宪法所表现之忠诚,也会被对于社会性组织以及承载着国家多元主义的建构体所表现之忠诚所取代。"① 不仅如此,由于各大政党对"合法性"概念的理解也呈现出多元主义的局面,导致宪法的基础遭到来自各个方向的进攻,公民对于宪法的尊重也被摧毁了。施米特对魏玛宪政之缺陷的洞见可谓切中肯綮,他发表《宪法的守护者》之时,阿道夫·希特勒领导的极端政党——纳粹党势力正迅速发展,三年之后,纳粹党通过民主选举成为国会第一大党,又一年后,希特勒成为国家总理,将德国乃至整个欧洲引向无底深渊。

多党竞争性选举的政治逻辑同样也是促成政党极化的一大因素。在一人一票、多党竞争的民主制度下,各政党为了在竞争中赢得更多选票,往往会过度放大自己的价值立场,并且动用各种手段攻击、抹黑对手,甚至为了吸引民众眼球,特意提出一些极端且具有争议性的政治观点。如福山所说,正是美国激烈的政党竞争,导致争夺竞选资金的"军备竞赛",两党之间

---

① [德]卡尔·施米特:《宪法的守护者》,李君韬、苏慧婕译,商务印书馆2008年版,第120页。

的个人礼让之风荡然无存。① 2016 年美国总统大选就是一个极佳的例证。在前期并不被看好的共和党候选人特朗普之所以最终能够击败民主党候选人希拉里,登上总统宝座,很大程度上依靠的就是长期被忽视的美国广大中下层白人的支持。他们认为特朗普说出了自己的心声,后者毫无顾忌地嘲笑美国的"政治正确"和精英阶层,抨击民主党代表的自由主义意识形态,煽动白人对非裔、拉丁裔、亚裔等少数族群的仇恨。这样的政治环境甚至没有给任何政党采取温和立场的余地。如,史蒂文·李维茨基(Steven Levitsky)和丹尼尔·齐布拉特(Daniel Ziblatt)就观察到,在奥巴马任内,共和党控制的福克斯新闻的评论员和右翼电视台的主持人几乎一致采取"不妥协"的立场,凶猛地攻击任何偏离本党路线的共和党政客。一旦有党内议员有意和奥巴马合作,就会遭到施压,并且被迫宣誓效忠。②

(二)竞争性选举:选优还是择劣?

接下来我们将目光聚焦到西方民主制度的核心——竞争性选举上来。赞同代议制民主制的理论家们的一个重要论据就是,只要存在自由开放的舆论场域,只要有公开、公正的竞争性选举,人民就能从那些"以政治为志业"的人士当中拣选出真正德才兼备的精英。启蒙时代的大政治思想家孟德斯鸠就相信这一点。在《论法的精神》中,孟德斯鸠指出,人民虽然不懂得如何处理具体的政治事务,但是他们"在选择他们应该把自己部分权力交给谁的时候,真是做得好极了"。人民拥有一种鉴别才德的天然能力(la capacité naturelle),只需要根据他们不能不

---

① [美]弗朗西斯·福山:《政治秩序与政治衰败:从工业革命到民主全球化》,毛俊杰译,广西师范大学出版社 2015 年版,第 446—447 页。
② Steven Levitsky and Daniel Ziblatt, *How Democracies Die*, New York: Crown Publishing Group, 2018, p. 93.

知道的东西和他们显然感觉到的事实去做决定就可以了。① 萨托利也持有类似的观点。他认为，现代民主应该是一个在当选的少数之间相互竞争的择优系统，如果与它的描述性定义结合起来，那么民主就应当是一种择优的多头统治。② 同时他也相信，虽然人民不具备直接参与政治决策的知识和素质，却拥有足够的能力挑选替他们做出决定的人——只要社会上存在独立的公共舆论，人民的意见能够接触到信息就可以。③

西方民主的实践却没有能够达到理论的预期，现实中的竞争性选举并不是一个"选优"的机制，而是导致了"择劣"的后果。如，萨托利虽然是选举式民主的积极鼓吹者，但他也承认，现实中西方选举民主的表现不尽如人意。他说选举最初是一种为了从"质"的层面选择政治精英而得到提倡和安排的"数量"手段，这意味着，选票的数量原本只是用来检验候选人质量的一种方法。但是，随着时间的流逝，对"量"的强调渐渐侵夺了"质"的位置，手段已经控制了自身的目的。

> 正如人们指责的那样，多数原则已经变成受如下准则支配的纯粹"数量原则"：抓选票越多越好，不择手段地抓吧。结果我们便得到了格雷欣法则的一个摹本。④ 像烂苹果

---

① [法]孟德斯鸠：《论法的精神》（上卷），张雁深译，商务印书馆 2019 年版，第 11 页。

② [美]乔·萨托利：《民主新论》，冯克利、阎克文译，东方出版社 1998 年版，第 187 页。

③ [美]乔·萨托利：《民主新论》，冯克利、阎克文译，东方出版社 1998 年版，第 132 页。

④ 格雷欣法则（Gresham's Law）是一条经济法则，也称劣币驱逐良币法则。意为在双本位货币制度的情况下，两种货币同时流通时，如果其中之一发生贬值，其实际价值相对低于另一种货币的价值，实际价值高于法定价值的"良币"将被普遍收藏起来，逐步从市场上消失，最终被驱逐出流通领域，实际价值低于法定价值的"劣币"将在市场上泛滥成灾，导致货币流通不稳定。

腐蚀好苹果一样，量使质贬值的定律亦是如此。如说选举的意义在于择优，它实际上却是错误的或不良的选择，就是说，选举成了择劣。在数量规律下，值得当选者常被不值得当选者排挤掉。结果，愚拙的领导、不称职的领导取代了"有价值的领导"。①

萨托利的分析揭示出了现实中西方民主政制败坏的一个关键原因，即竞争性的选举民主是一种"选票至上"的民主模式。首要的问题在于，选举尤其是简单多数决原则的选举能否体现民意？这一点本身就值得怀疑。正如著名的"阿罗不可能定理"所表明的：只要有2个以上投票人和3个以上选项时，就不存在一种社会选择机制可以使个人偏好通过多数票规则转换为社会偏好。依靠简单多数的投票原则，要在各种个人偏好中选择出一个共同一致的顺序，是不可能的。这意味着，简单多数决的选举方式并不能最大程度地体现人民的意志。② 而且，用简单多数原则决定公共事务，也会使少数人的利益和意见遭到忽视，甚至引发侵犯少数群体之自由的"多数人暴政"。

不仅如此，当获得更多选票成为政党和政客上位的唯一途径，并且在提升治国理政的能力之外，他们还有其他更加方便、快捷、高效的方式获得选票之时，选举的性质就必然会发生畸变。在这种情况下，即便存在看似自由公正的选举程序，也不能保证产生实质上优秀的政治家。如福山所说，政客们完全可以在选举程序上耍花招，用欺诈、操纵选票、巧妙重划选区以利于自己的政党、取消其他政党选民资格的手段来夺取胜利。即使在最好的选举程序之下，政客也可以通过依附主义来招募

---

① [美]乔·萨托利：《民主新论》，冯克利、阎克文译，东方出版社1998年版，第157页。
② [美]肯尼思·约瑟夫·阿罗：《社会选择：个体与多准则》，钱晓敏、孟岳良译，首都经济贸易大学出版社2000年版。

支持者，使用种族和宗教的口号来达到自己的目的。①

相比提升候选人和政党的治国能力，包装自己的形象且抹黑对手的名声当然是争取选票的更加简便的办法。美国学者托马斯·戴伊（Thomas R. Dye）和哈蒙·齐格勒（Harmon Zeigler）就指出，在现代西方的民主选举中，由职业性的公共关系和广告专家执导的大众传媒媒介已经取代政党组织，充当候选人和选民之间的首要纽带。在当今西方国家，一个在公共媒体上默默无闻的候选人要想赢得选举，那几乎是一种天方夜谭。大量媒体的注意力能够使原先名不见经传的人在一夜之间变成显赫的候选人，也可以使踌躇满志的候选人无人过问或一败涂地。在选举报道中，媒体通常忽视政治问题，而是将重点放在候选人的形象上，即放在候选人的个人特点之上。"电视上介绍候选人不是依据他们的选票记录或者他们的政治见解，而是依据他们突出的个人魅力、温情、'怜悯心'、年轻有活力、诚实和正直的能力。电视上的选举活动成了竞争者双方个性之间的角逐。"② 新闻媒体把选举报道成一种政治"比赛"，重点关注谁正在获胜、谁正在败北，各方的竞选策略，他们花掉了多少经费，他们在演讲、集会和辩论会上的形象如何，观众、听众的反响怎样等。

在这个过程中，真正重要的政治问题反而被边缘化了，与此同时，竞选业务本身却越来越专业化，竞选团队要为候选人打造形象，通过不间断的民意测验监控竞选的进展，在各大传媒投放广告，根据选民的反馈改变候选人的着装和发型，起草演讲稿，筹划可以吸引新闻报道的各种亮相。为了获取选票，投选民之所好，候选人及其团队会把主要精力都花在这些表面功夫上。

---

① ［美］弗朗西斯·福山：《政治秩序与政治衰败：从工业革命到民主全球化》，毛俊杰译，广西师范大学出版社2015年版，第494页。

② ［美］托马斯·戴伊、哈蒙·齐格勒：《民主的嘲讽》，孙占平、盛聚林、马骏译，世界知识出版社1991年版，第205页。

候选人必须吸引新闻媒介并给予良好的形象：他们可以走访老人之家、煤矿、黑人住宅，乃至养猪场，以吸引特殊选民集团。一位候选人可能"整日劳动"，挖沟渠，尤其是他如果被人觉得是一位腰缠万贯的花花公子的话；或者逐城走访，尤其是如果其竞选对手坐包机时应这样做；或者参与高音喇叭宣传赛，尤其是如果他被认为是知识分子味太浓时应这样做。这类活动在晚间新闻里较易获得市场，这要比作一个有关核裁军的深思熟虑的报告容易。①

一个在大众媒体和选民眼中有出色形象的候选人未必具备一名真正政治家的品质，但显而易见的是，他一定拥有雄厚的财力或来自财团的支持，否则他根本无法负担在媒体上进行自我营销的开支。

假如选民拥有足够的判断力，能够识别政客的表象和实质，或者假如选民能够不为媒体上铺天盖地的宣传、口号和八卦新闻所动，冷静地考察候选人提出的施政纲领，负责地投出自己的选票，那么投机的政客或许就无法得逞。换言之，倘若选举民主真的要发挥择优的功能，那么它就绝不能对选民的素质毫无要求，也不只是要求选民能够识文断字，或者能够接受公共舆论的信息而已。但可惜的是，在西方民主制之下，这样的选民也不存在。学者布赖恩·卡普兰（Bryan Caplan）的经济学研究表明，民主制下所谓"理性的选民"本身就是一个虚构的"神话"：选民不仅在政治相关的事务上相当无知，而且在整体上是"非理性"的。由于选民个体在信奉某种意识形态时不需要付出什么成本，并且他认识到自己手中的一票不会对结果产生多大的影响，所以在进行投票之时，只会听从自己所相信的

---

① ［美］托马斯·戴伊、哈蒙·齐格勒：《民主的嘲讽》，孙占平、盛聚林、马骏译，世界知识出版社1991年版，第206页。

偏见，而不会考虑社会真正的利益所在："主张闭关自守的贸易保护主义的狂热分子事实上不承担任何风险，因为无论他投谁的票，政策都不会改变。如果国门保持开放，保护主义者会洋洋得意地说：'我早就告诉过你了！'如果国门关闭，他同样会志得意满地说：'想象一下如果我们不采取保护政策，情况会有多糟糕！'"① 因此，选民整体很容易陷入系统性的偏见甚至宗教性的狂热之中。另外，在竞争性的选举制度之下，政客并没有任何动力去纠正选民的错误认识，相反，利用民众的偏见去蛊惑民心（demagoguery）才是最符合他们利益的选择："坦率说，蛊惑民心者的统治并没有错。这是民主的本来面目。如果选民怀抱偏见，并且容易轻信，那么蛊惑民心就是获胜的策略。"② 在这样的机制下，结果必然是煽动家式的政客更容易赢得选举，而受民众欢迎的政策往往导致糟糕的后果。

选举制下的选民不仅应当有理性，同时还需要有道德。在政治哲学家列奥·施特劳斯（Leo Strauss）看来，自由民主制的初衷是"这种享有主权的个体是尽职尽责的个体，是本着自己良心自我约束和自我引导的个体"。然而，自由民主制的性质决定了它无法从法律上界定尽职尽责的个体由哪些品质构成。国家可以通过财产条款或文化测试等方式限制投票权，却无法把投票权仅仅限于那些尽职尽责的人们，只有通过道德教育才能培养出尽职尽责的品质。然而美国的状况却与此背道而驰，施特劳斯称之为"自由民主向放纵平等主义的退化"。自由民主的核心是尽职尽责的个体，而放纵平等主义的核心却是欲望的个体。尽职尽责的个体甘愿为他们认为正确的东西付出生命，而那些放纵欲望之人绝不会有丝毫牺牲自己生命的想法，因此也

---

① ［美］布赖恩·卡普兰：《理性选民的神话：为何民主制度选择不良政策》，刘艳红译，上海人民出版社2010年版，第20—21页。
② ［美］布赖恩·卡普兰：《理性选民的神话：为何民主制度选择不良政策》，刘艳红译，上海人民出版社2010年版，第22页。

不会为了自己的欲望而牺牲欲望本身——这就是美国乃至西方社会正在发生的道德堕落。①

施特劳斯认为，现实中美国的民主制实则是一种"大众民主"。当施特劳斯这样表述的时候，他并不是说美国的确是人民大众在进行统治。因为，美国的大众实际上受到的是"精英"统治，即"受那些无论因为何种原因处在上层或有幸升到上层的人组成的群体"统治。那么，为什么还要说美国的政体是大众民主呢？因为美国民主制的实质并非大众的统治，而是大众文化的统治。大众文化"能为那些最平庸的能力所占有，这种占有无需任何理智和道德的努力"，其实就是一种放纵平等主义的文化。② 在大众文化主宰的社会中，自然培育不出尽职尽责的选民。但施特劳斯并没有把过错归在普通大众的头上，因为在道德和文化上引领大众，这原本就是精英的责任所在。③ 但问题就在于，西方民主制没有为这种"文化领导权"留下任何空间。因为依据选举民主的原则，精英作为民众的代表，不但要对大众负责，而且还要无条件地响应大众的要求。④ 在这样的政治逻辑下，精英非但不能领导或教育人民，反而要为了获得选票而迎合大众的品位，其结果必然就是精英和大众在政治德性层面的共同败坏。

（三）利益集团：选主 = 金主

我们已经表明，西方的代议制民主并非真正意义上的人民

---

① ［美］施特劳斯：《西方民主与文明危机》，华夏出版社2018年版，第11—12页。
② ［美］施特劳斯：《西方民主与文明危机》，华夏出版社2018年版，第315—317页。
③ ［美］施特劳斯：《西方民主与文明危机》，华夏出版社2018年版，第329页。
④ ［美］施特劳斯：《西方民主与文明危机》，华夏出版社2018年版，第344页。

当家作主，而是一种"选主"制度。①人民没有自己当主人的权利，只能用手里的选票来选择自己的主人。在采用西式民主制度的国家，除了极少数情况，每个成年人在选举时都有同等效力的一票，每个有政治抱负的公民都有机会成为议员、州长或是总统。这似乎表明，原则上，在决定国家统治者的"神圣时刻"，每个公民都享有平等的权利。

然而，残酷的现实却截然相反。在西方民主制下，人民非但无法亲自决定政治事务，就是在"选主"的时候，他们的影响力也绝不是平等的。虽然在政治层面，公民在形式上享有平等的投票权，经济地位的差异却会造成公民政治影响力在实质上的不平等，那些掌握了更多财富的个人和团体将在政治事务上拥有更大的发言权，而他们的政治影响力又被用来维护其经济利益。早在20世纪初，德国哲学家奥斯瓦尔德·斯宾格勒（Oswald Spengler）就在《西方的没落》一书中指出，西方所谓的"民主政体"实则是资本和金钱的统治。谁掌握金钱，谁就能控制政党和媒体，谁就是国家真正的主人："金钱为握有金钱之人的利益组织选举程序，选举事务变成了一种预先协商好的博弈游戏，然后当作民众的自决权来演出。"② 当代政治理论家约翰·P. 麦考米克（John P. McCormick）认为："决定性地影响着我们当代共和政体政策的，更多是金钱而非选票，是资源而非权力。"③ C. 赖特·米尔斯（C. Wright Mills）则表明："在美国，经济机构无疑比政治机构对生活更重要。政治被广泛理解为实现和保护经济目标和经济

---

① 王绍光：《民主四讲》，生活·读书·新知三联书店2008年版，第243页。
② ［德］斯宾格勒：《西方的没落》第2卷，吴琼译，上海三联书店2006年版，第434—435页。
③ ［美］约翰·P. 麦考米克：《抑富督官：让精英重新对大众政府负责》，载王绍光编《选主批判：对当代西方民主的反思》，欧树军译，北京大学出版社2014年版，第12页。

活动的手段……政党之间的竞争成了不同类型、不同规模的财产之间的竞争,而不是有产和无产之间的竞争。"[1] 米尔斯认为,在美国,政治很少是一支独立的力量,它根植于经济领域之中,政界人物利用政治手段来实现和捍卫有限的经济目标。支持他们参与政治的往往是直接的物质利益,而非某种政治理想。

2004年,美国政治学会发布过一份特别报告,题为"不平等加剧时代的美国民主"(以下简称"特别报告")。这份报告指出,美国在发出和倾听公民话语方面存在着严重的不平等。特权阶层的政治参与超过了其他阶层,而且日益有序地将其要求强加给政府。公共官员对特权阶层言听计从,普通公民和穷人则遭到冷遇。中低收入的公民在公共领域的声音微乎其微,政府亦对其懈怠漠视;而富裕阶层则能够发出清晰且一致的声音,决策者亦对其更加看重。对黑人和女性的公开歧视已经被一种更加潜在的威胁所取代,亦即国家财富愈发向少数人手中集中。[2]

"特别报告"首先揭示了美国经济不平等状况日益严重的现实:在第二次世界大战后的1/4个世纪中(1947—1973年),各阶层的收入稳步增长,每20%的家庭收入都增加了一倍或接近一倍,而且收入最低的20%家庭增长最快。但在之后的1/4个世纪(1973—2000年),各阶层的收入增长模式发生了巨大变化。收入最高的20%的家庭所得增加了61.6%,收入最高的5%的家庭增速更是高达87.5%。相比之下,最低的20%的家庭的收入增速只有10.3%。截至2001年,收入最高的20%的家庭拥有国家收入的47.7%,而最高的5%的家庭则占有21%的收入。[3] 在这份报

---

[1] [美] C. 赖特·米尔斯:《白领——美国的中产阶级》,杨小东等译,浙江人民出版社1987年版,第383页。
[2] 《不平等加剧时代的美国民主》,载王绍光编《选主批判:对当代西方民主的反思》,欧树军译,北京大学出版社2014年版,第244页。
[3] 《不平等加剧时代的美国民主》,载王绍光编《选主批判:对当代西方民主的反思》,欧树军译,北京大学出版社2014年版,第245—246页。

告发表7年之后，美国爆发了"占领华尔街"运动，底层民众以此抗议新自由主义经济体系下社会财富的分配不公。然而，这场声势浩大的抗议运动并没有能够扭转美国各阶层贫富差异进一步扩大的趋势，根据2018年的《世界不平等报告》统计，2014年，美国最富有的10%的人口的税前收入就已经占到了国民收入的47.0%，而金字塔尖端1%的人口则拥有国民收入的20.2%。① 欧洲社会的经济不平等虽然整体上没有美国那么严重，但富有阶层仍然比中低收入阶层掌握着更多的社会财富，数据显示：2014年，法国收入前10%的人口占有国民收入的32.6%；2013年，德国收入前10%的人口占约40%的国民收入。② 普沃斯基指出，在经济方面，过去几十年西方民主国家的经济发展呈现出两大趋势：一是经济增长率逐年下滑，二是收入不平等迅速扩大。结果便是低收入家庭的收入停滞，以及人们对物质生活不断改善的信心的削弱。在这一进程中，"那些获取利润收入又善于掩饰的人"是唯一的赢家，而产业工人则承受了最大的伤害。③

在西方资本主义社会的民主制下，财富可以很快转化为政治上的影响力，同样，经济上的劣势也很容易成为政治上的劣势。"特别报告"指出，美国高收入人群在国会中期选举和总统选举中的投票率远高于低收入人群，"弱势的美国人更少投票，因为他们缺乏技能、动机和网络，强势的人则通过正规教育和职业晋升在方方面面获得先机"。投票已经是美国最普遍的政治参与形式，其状况尚且如此，在其他形式的政治活动中，穷人

---

① Fucando Alvaredo et al., *World Inequality Report 2018*, World Inequality Lab, 2018, p. 80.

② Fucando Alvaredo et al., *World Inequality Report 2018*, World Inequality Lab, 2018, pp. 94, 104.

③ [美] 亚当·普沃斯基：《民主的危机》，周建勇译，上海人民出版社2022年版，第92—100页。

和富人之间的不平等就更加触目惊心。只有少数高收入群体才会参与那些更耗费时间、成本也更高的政治活动，如向候选人捐款、在竞选团队中工作、联系公共官员等。数据表明，2000年，只有12%的美国家庭收入超过10万美元，但是，做过大笔选举捐献的捐助人95%都出自这些富有家庭。在年收入高于7.5万美元的美国人中，56%称自己进行过某种形式的选举捐献；而收入低于1.5万美元的美国人当中，只有6%做过选举捐献。在西方民主制下，向政客捐钱，即"政治献金"是公民进行政治参与的一种方式，实际上，这种途径却只为少数人保留。如"特别报告"所说，"随着财富和收入越来越集中，随着流向选举的钱在增加，选举捐助赋予富人一个表达自己选择的工具，大多数公民没有这个机会，这加剧了政治发言权的不平等"[1]。

"特别报告"尤其强调，即便互联网的出现也没有使公民的政治参与更加平等，相反，它强化了现存的不平等。因为就接触和使用互联网而言，富人、非西班牙裔白人和受过良好教育者依然更占据优势。政治态度模棱两可和对政治冷漠的人群，并不会因为有了互联网就投入政治。互联网的作用在于"激活活跃分子"，扩大政治参与者和不参与者的差距。[2]

可以说，在当代西方的民主制下，金钱就相当于氧气，没有大金主支持的政客几乎无法在政坛上生存下去，于是，那些掌握了权力的政客自然也要回馈自己的金主。金钱就以这样的方式左右着政治。"特别报告"表明，收入处于顶端的75%的选民，对其参议员一般投票模式的影响几乎是收入处于末端的25%的选民的3倍，对于最低工资、民权、政府开支和堕胎等方面投票，两者的影响更加不对称。而收入处于最低的20%选

---

[1] 《不平等加剧时代的美国民主》，载王绍光编《选主批判：对当代西方民主的反思》，欧树军译，北京大学出版社2014年版，第253页。
[2] 《不平等加剧时代的美国民主》，载王绍光编《选主批判：对当代西方民主的反思》，欧树军译，北京大学出版社2014年版，第254页。

民的偏好对参议员投票影响极小或者根本没有任何影响。①

　　金钱左右政治不仅体现在个体选民层面，更体现在庞大的利益集团对国家政策的影响当中。何为"利益集团"？加布里埃尔·A. 阿尔蒙德（Gobriel A. Almond）和 G. 宾汉姆·鲍威尔（G. Bingham Powell, Jr.）认为，利益集团是因兴趣或利益而联系在一起，并意识到这种共同利益的人的组合。② 杰弗里·M. 贝瑞（Jeffery M. Berry）和克莱德·威尔科克斯（Clyde Wilcox）则明确把利益集团定义为试图影响政府的一类组织，它们代表某些选民群体的利益和观点，通过游说的方式对政府施加影响，其功能包括为人们提供参与政治过程的机会，就政治议题教育公众、设定政治议题框架、对项目进行监督等。③ 多元主义的理论认为，这些不同利益集团的相互抗衡最终将有利于整体的利益和民主本身。然而经济学家曼瑟·奥尔森（Mancur Olson）通过对战后欧洲发达民主国家的研究发现，第二次世界大战之后英国的经济增长率之所以低于其他发达民主国家，正是因为英国的利益集团根深蒂固，而且势力强大，它们对社会利益形成了垄断，降低了社会快速适应环境变化和采用新技术的能力，而且经常通过缜密的安排来影响政府官员以及其他政治家，利用政治体系为自己攫取福利。④

　　政治学者谢茨施耐德（E. E. Schattschneider）则提醒人们注意美国利益集团压力体制的商业特征和上层阶级倾向。他通过

---

　　① 《不平等加剧时代的美国民主》，载王绍光编《选主批判：对当代西方民主的反思》，欧树军译，北京大学出版社2014年版，第260页。
　　② ［美］加布里埃尔·A. 阿尔蒙德、小 G. 宾厄姆·鲍威尔：《比较政治学——体系、过程和政策》，曹沛霖等译，上海译文出版社1987年版，第200页。
　　③ ［美］杰弗里·M. 贝瑞、克莱德·威尔科克斯：《利益集团社会》，王明进译，中国人民大学出版社2012年版，第6—11页。
　　④ ［美］曼瑟·奥尔森：《国家的兴衰：经济增长、滞胀和社会僵化》，李增刚译，上海人民出版社2007年版，第77—79页。

数据证明，压力体制最终有利于整个共同体的利益，这是现代集团理论制造的一种神话。相反，这种体制具有明显的倾向性、拥有雄厚的资本，而且毫无代表性可言，只服务于少数人的利益。在美国社会中，商业阶层和上层阶级更经常地组织政治团体，他们拥有更多政治资源，例如金钱和权势；他们虽然在人口中占少数，却在利益集团中占据主导。所以谢茨施耐德说："集团理论的缺陷是它掩盖了压力体制中这些最有意义的方面。多元主义天堂里的弊端是，天堂唱诗班的音调里充满了上层阶级口音。大约有90%的人与压力体制无缘。"[1]

福山则认为，美国的利益集团为权钱交易开辟了一种"合法化"的渠道。他发现华盛顿的利益集团和游说团有惊人的增长，从1971年的175家注册游说公司，上升到十年之后的约2500家；到2013年的时候，注册的说客高达12000多人，花费超过32亿美元。他们的目标并不是促进新的政策，而是防止不利于自己的政策出笼，即便它符合公众利益。美国的立法过程支离破碎、十分分散，这导致法律的不连贯，为利益集团的参与提供了空间，它们即便没有办法重塑整个立法，也能借机保护自己的具体利益。比如奥巴马2010年的《平价医疗法》，因为不得不对包括医生、保险公司和制药业等形形色色的利益集团做出妥协和让步，就使得立法过程变得臃肿不堪。法案文本长达900页，极少国会成员能审查其细节。2008年国际金融危机爆发后，银行业利益集团通过竞选捐款和游说的方式影响国会议员，阻止了国会出台硬性限制金融机构规模和提高准备金比例的法案，结果就是堵死了预防体系性危机的道路，未来承担后果的却是全体消费者。[2]

---

[1] ［美］E. E. 谢茨施耐德：《半主权的人民：一个现实主义者眼中的美国民主》，任军锋译，天津人民出版社2000年版，第34页。

[2] ［美］弗朗西斯·福山：《政治秩序与政治衰败：从工业革命到民主全球化》，毛俊杰译，广西师范大学出版社2015年版，第435—438页。

利益集团服务于少数人的利益，尤其是有钱人的利益，已经是一个昭然若揭的事实。长期困扰美国的枪支问题同样能够证明这一点。美国枪支泛滥，枪击事件不断，例如，2022年5月24日，美国得克萨斯州的尤瓦尔迪市小学发生一起严重的枪击案，造成包括19名学生在内的21人死亡。而美国非营利组织"枪支暴力档案"网站的数据显示，2022年1月至5月25日，美国已发生214起大规模枪击事件（4人及4人以上死亡），遇难者超过17300人。① 每次伤亡惨重的枪击事件过后，总有美国政要出面表态不能再让悲剧重演。盖洛普2017年10月到2019年10月间的民意调查数据显示，64%的美国人认为，火器销售的法律应当更加严格。② 但事实却是，这么多年来，美国的枪支泛滥问题从来没有得到过实质意义上的解决。一个重要的原因就是，美国拥护持枪自由的利益集团从中作梗，阻挠国会通过枪支管控的法案或政策。相比支持枪支管控的利益集团，美国步枪协会（National Rifle Association of America）等支持公民拥有枪支的利益集团拥有更多的财力和更大的影响力。当这些利益集团将财力用于在竞选活动中资助符合自己利益的政党候选人，雇佣游说人员直接与国会议员接触，或者在媒体上投放大量广告以宣传其利益集团主张的时候，他们就能左右国家的大政方针。例如，美国步枪协会就每年花费近2.5亿美元，用于政治行动委员会活动、游说和广告支出。③

---

① 资料来源：https://www.gunviolencearchive.org。
② Justin McCarthy, "64% of Americans Want Stricter Laws on Gun Sales", November 4, 2019, https://news.gallup.com/poll/268016/americans-stricter-laws-gun-sales.aspx。
③ Sam Musa, "The Impact of NRA on the American Policy," *Journal of Political Science & Public Affairs*, Vol.4, No.4, 2016；常晓燕：《从利益集团驱动到无效的政府规制——基于美国枪支管控政策的研究》，《国际论坛》2021年第6期。

由此可见，在西方的民主制下，人民"选主"的权利也绝不是平等的。所谓民主政治实则是"金权政治"，那些通过民选程序产生的"政治精英"所服务的实际上并不是最广大人民的利益，而是支持他们上台的"金主"的利益。

（四）小结

联邦党人、熊彼特和萨托利等为代议制民主精心编造了一个神话。他们宣称，代议制民主之所以理应且必将取代直接民主，除了因为在大型的民族国家之中，直接民主已经失去了存在的土壤，另一个重要理由在于：代议制民主虽然取消了人民直接决定国家大事的制度途径，并代之以少数精英的统治，但是这些由人民授权的议员或政治家，能够纠正直接民主的极端、激进倾向，防止人民被少数煽动家控制。据说，民选代表们比普通人更加理性，比一般人更了解政治事务的复杂性，也更能从全局出发，照顾国家的整体利益。所以，代议制民主比直接民主更能带来善治。

然而，上述昔日的"神话"却正被今天的现实颠覆着。那些往往被归在直接民主头上的弊端，也同时出现在西方民主政治的实践当中。首先，政党政治日趋极化，为了赢得选票、巩固部分选民的支持，政治家并没有把维护团结、凝聚共识当作自己的责任，而是通过极端、激进的主张和政策迎合选民的偏见和激情；其次，在竞争性选举制度下，政治精英除了讨好选民别无他法，他们谋划的不是国家的长远发展和全面布局，而是一门心思地造声势、塑形象、搞宣传，大部分的精力都放在了争取更多的选票上；最后，在资本主义制度框架下，金钱是进入政坛的通行证，财力大小决定了个人或群体的政治实力，这也进一步加剧了社会的阶层分化和不同阶层在政治影响力上的不平等。在西方民主制度的实践中，拥有强大财力的利益集团资助、支持符合自身利益的政党和政客上台执政,并通过他们推出有利于自己的国家政策,使"民主政治"蜕变为"金主政治",金钱成为事实上最高的权力。

在许多国外左翼人士眼中,现代西方的代议民主制甚至算不上"最不坏的政体"。这是因为,西方代议制作为资本主义社会的政治制度,其所"代表"的依然是资产阶级的利益,所谓"竞争"也只是资产阶级代理人内部的竞争,所谓"民主"实则是资产阶级的人民作主。这种被资本和媒体所掌控,用来为统治提供合法性的竞选游戏,必然会加剧社会的分裂和对立,激发民众的反叛意识。如今,它也难以维系统治阶级内部的团结与秩序的稳定,正不断遭受文化民粹主义的冲击。正如斯宾格勒所说:"如果说选举原本是合法形式的革命,那它现在已经把那形式耗尽了,因而当金钱政治变得不可忍受时,代之而起的是:人类再用原始的血腥残暴的方法来'选择'它的命运。"①

---

① [德]斯宾格勒:《西方的没落》第2卷,吴琼译,上海三联书店2006年版,第435页。

四　西方民主缺陷的社会性后果

西方民主政制在制度层面既难以有效地预防党争，也不能拣选贤能，更无法保障公民平等参与政治的权利。制度层面的弊病必然导致社会领域的后果。由于西方民主制度难以凝聚共识、促进团结，结果就是社会层面的政治极化与分裂。正是因为西方民主的选举制度无法产生真正代表人民利益的政治家，解决人民群众真正关切的问题，所以，它才为反建制的民粹主义提供了土壤，使得民粹主义在西方社会到处蔓延。

社会分裂和民粹主义的双重后果已经在西方社会得到了充分显现。2016年，右翼政客特朗普击败民主党候选人希拉里当选美国总统是西方社会右翼民粹主义崛起的标志性事件。从特朗普上台至今，西方右翼民粹主义的声浪一波强似一波。在欧洲，法国"国民阵线"等极右翼政党迅速得势，2022年10月22日，以"上帝、祖国和家庭"为竞选口号的保守理念捍卫者乔治亚·梅洛尼（Giorgia Meloni）出任意大利总理。与此同时，西方以"身份政治"为代表的激进左翼运动也愈演愈烈，并走向极端化。这些趋势与现象都和西方的民主政治密切相关，本章将讨论国外学者对西方民主缺陷社会性后果的诊断，以及他们针对此类民主病症所提出的治疗方案。

（一）政治群体极化

西方民主制下的政党很容易走向极化，而政党极化的后果就是整个社会的极化和分裂。正如李维茨基（Steven Levitsky）和齐布拉特（Daniel Ziblatt）所说："二十五年来，美国的民主党与共和党变成不只是两个竞争政党，而是区分成自由与保守阵营。他们的选民现在以种族、宗教信仰、地缘甚至'生活方式'严重分裂。"① 米歇尔·克罗齐也指出，欧洲的法国和意大利所代表的正是这样一种模式，"在那里选民中相当大的一个部分总是投左派极端主义党派的票，在某种程度上也投右派极端主义党派的票，而不接受民主系统的最低要求"②。21 世纪以来，Twitter、Facebook 等社交媒体的发展则更加剧了这种局面。2022 年，社会心理学家乔纳森·海特（Jonathan Haidt）发表于《大西洋月刊》的文章中指出，社交媒体为用户们构建了一个个"回音室"（echo chambers），它让想法类似的人组成紧密的社群，使网民总是接受与自己立场一致的信息，在此过程中不断强化既有的观点。社交媒体编织的信息茧房切断了不同群体之间的沟通和交流，其结果就是社会舆论场愈加分裂和极化，人们倾向于采用极端和暴烈的方式对待与自己意见相左的其他公民，而这对于民主秩序的运行和维持是相当有害的。③

近些年来，西方国家内部的政治极化愈演愈烈，并且呈现出一种更加激进的形态，即"身份政治"。在身份政治的参与者和支持者尤其是部分西方左翼理论家看来，身份政治是社会边缘群体反抗不公的社会秩序、争取平等和尊严的有力武器。但

---

① Steven Levitsky and Daniel Ziblatt, *How Democracies Die*, New York：Crown Publishing Group, 2018, p. 90.

② ［法］米歇尔·克罗齐、［美］塞缪尔·亨廷顿、［日］绵贯让治：《民主的危机》，马殿军等译，求实出版社 1989 年版，第 14—15 页。

③ Jonathan Haidt, "Yes, Social Media Really Is Undermining Democracy", July 28, 2022, https：//www. theatlantic. com/ideas/archive/2022/07/social-media-harm-facebook-meta-response/670975/.

是也有学者指出，身份政治进一步加剧了西方社会的分裂和极化，激化了群体之间的矛盾。值得指出的是，民粹领袖特朗普之所以能在2016年登上美国总统宝座，很大程度上依靠的就是保守派选民对于身份政治的逆反心理，而特朗普的当选又激化了美国左翼和右翼之间的矛盾，甚至引发了两个群体之间的直接冲突。

于是，在西方思想界内部，逐渐出现了批评身份政治的声音，而在这些反思者当中，也不乏一般被人们归为"自由主义"阵营的学者。美国政治思想家马克·里拉（Mark Lilla）就是其中一例。在特朗普当选总统之后，里拉出版了《分裂的美国》一书，以反思美国民主面临的危机。他虽然毫不留情地怒斥特朗普及其右翼支持者，但他更加认为美国的自由派应当反省自身：身份政治如何将美国的民主引上了歧途，从而给了特朗普这样的右翼民粹领袖以可乘之机。

作为一名坚定的自由主义者，里拉并不反对身份政治所追求与捍卫的文化和价值的多样性，相反，他相信美国的多样性是一件"美好的事情"，而且身份政治本身也有一定的积极意义，比如增强进步主义者的道德敏感性、促进社会对少数族裔和边缘群体的尊重等。但是，他同样认为，身份政治给美国社会带来了严峻的现实后果，甚至对它所要保护的那些身份群体本身也会造成实质上的戕害。

> 对身份自由主义所提出的最要命的指控也许是，身份自由主义宣称要关心那些不同的身份群体，却反而使他们变得更加容易受伤害。自由派特别关注少数族裔是有充分理由的，因为他们最有可能被剥夺权利。然而在民主制中，有意义地捍卫他们的唯一方式，不是空洞的承认和"歌颂"姿态，而是赢得选举，并在各级政府中长期掌握权力。要做到这一点，唯一的方法是要有一个尽可能吸引更多人并

让他们齐心协力的理念信号。而身份自由主义却反其道而行之。①

马克·里拉对身份政治最严厉的批评在于，身份政治本质上是一种"伪政治"（pseudo-politics）。在他看来，真正的自由派政治应当是一种"团结政治"（politics of solidarity），同时也是一种致力于在制度内部夺取政府权力的政治，只有这样，自由主义者们才能真正地用自己的愿景改造社会，贯彻他们的理想信念。但当今美国被身份政治所裹挟的自由派却被制度外的社会运动所吸引，他们不但对议员和总统竞选抱着无所谓的态度，而且发展出了对全体美国人民的轻视。真正的自由派理应利用自己在教育机构中的优势地位教育年轻人：他们跟所有公民同胞共享同一个命运，并对所有公民同胞负有义务。然而，现实中的自由派却训练学生成为个人身份的探索者，并任其对自身之外的世界漠不关心。

里拉尤其提醒读者，不要把当下的"身份政治"和美国20世纪的"民权运动"混为一谈："民权运动跟早期宗教群体和少数族裔群体的斗争有更多的共同之处，这些斗争的目的是为了让他们作为公民的平等和尊严得到承认。第一波和第二波女权主义如此，早期同性恋权利运动也是如此。"可是，20世纪70—80年代，事情发生了变化。关注的焦点不再是"作为民主公民对美国的认同"和"对美国内部的不同社群的认同之间的关系"。公民身份（citizenship）从画面中消失了，人们开始根据内在的自我来言说个人身份，这个内在的自我是由带有种族和性别色彩的那些部分组成的独特自我。肯尼迪总统的发问——"我可以为我的国家做什么？"曾经激励了美国20世纪

---

① ［美］马克·里拉：《分裂的美国》，马华灵、顾霄容译，上海人民出版社2022年版，第39页。

60年代早期的一代人，但是这句话在现在的美国却变得不可理喻了。如今，唯一有意义的问题变成深刻的个人问题："鉴于我的身份，我的国家对我负有什么义务？"①

身份政治看似是社会群体的运动，但里拉认为，它其实是激进个人主义的一种体现。这种极端的个人主义其实在里根时代就已经滋生，表现为右翼的自由至上主义，后者只强调对"我"（个体）的权利的保护，而不关心"我们"（社会整体）的善，里根向美国人承诺，只要个人和家庭好好经营私人事务，美好的生活就会不请自来。身份政治的基本盘虽然是左翼和自由派人士，但是它和右翼的个人主义一样，拒绝谈论"我们"，拒绝普遍且客观的公民身份的存在。身份政治的痴迷者将"我们"视为普遍主义的诡计，被用来掩盖群体的差异性，维持特权阶级的支配地位。他们只关心自己作为某一群体的身份和认同，而这种认同又来自一种"感受性的自我"（the feeling self），不断强调自己的特殊性，强调自身体验的独特性——这种体验和自我认同无法被该身份群体之外的其他人所理解，却要求他们的承认和尊重。结果，自由派"越是沉迷于个人身份，就越是不愿意参与理性的政治辩论"。里拉想让美国人意识到，"我以X的身份发言……"这种表述方式的流行不是一件无关痛痒的小事，因为这个短语告诉听众："我正从一个优越立场对这件事情发言，它构建了一个屏障，将所有来自非X视角的问题拦阻在外。而且这种表述还为辩论的各方赋予了不平等的道德地位，诉诸特殊的身份就使自己拥有了道德上的优越性。"里拉抱怨这种风气已经在大学里蔓延开来，"教室里的对话曾经可能这样开始，我认为A，这是我的观点；而现在对话采取了这种模式，我以X的身份发言，你主张B冒犯到我了"。这表明身份决

---

① ［美］马克·里拉：《分裂的美国》，马华灵、顾霄容译，上海人民出版社2022年版，第89页。

定了一切，在身份认同面前，没有不偏不倚的对话空间，"白人男性有一种'认识论'，黑人女性有另一种'认识论'。这样，还有什么可说的呢？"①

政治参与者越是强调自己的特殊身份，他就越不能指望获得其他公民的理解，越是强调彼此之间的差异，就越不可能让别人对他所受到的虐待感到愤慨。里拉痛心疾首地指出，身份政治使得美国分裂的程度比个人主义时代还要严重。他尤其批评"黑人的命也是命"(Black Lives Matter)运动是无法建立团结的教科书式案例。不可否认，这场运动让人们意识到美国仍然存在的对于黑人群体的歧视、不公乃至虐待，让有良知的美国人深感震动。但同样不可否认的是，该运动决定利用这种虐待对美国社会及其执法机构发起全面控诉，并采用激进和粗暴的手段②来压制异议，要求人们认罪和公开忏悔，而这就落入了共和党右翼的圈套。

福山也对身份政治问题进行了反思。他和里拉看法类似，对于身份政治持有一种同情的批评态度。一方面，他对身份政治的初衷表示肯定，因为它出自一种对社会公正的正当需求，一种对尊严与认同的自然渴望；另一方面，福山也赞同里拉的观点，即身份政治采取的方式使之走上了一条事与愿违的歧途。在他看来，身份政治至少在西方民主国家造成了以下四种负面影响。

首先，在某种程度上，身份政治成了严肃思考的廉价替代物，让参与者不再考虑如何扭转社会经济不平等的严重趋势。在精英圈子里争论文化议题，比争取资金、说服立法者改变政策要轻松得多。同样，在大学课程的阅读书目里增加女性和少

---

① ［美］马克·里拉：《分裂的美国》，马华灵、顾霄容译，上海人民出版社2022年版，第110—111页。
② ［美］马克·里拉：《分裂的美国》，马华灵、顾霄容译，上海人民出版社2022年版，第142页。

数族裔作者，也比改变问题群体的收入或社会状况要容易得多。于是，虽然表面上身份政治激起了如火如荼的社会运动，但不公正的社会经济结构却并没有得到任何实质性的触动。

其次，聚焦定义更新、范围更窄的边缘化团体，会使得历史更悠久、更大的群体不再受到关注，他们的严重问题将遭到忽视。如今，很少有美国左翼活动家关心美国白人工人阶层的生活状况，关心毒品泛滥、乡村贫困单亲家庭子女的成长。福山指出，今天的进步主义者没有办法应对不断推进的自动化可能带来的大规模失业问题，以及技术发展可能造成的收入差距扩大的问题。欧洲的左翼政党也面临着同样的困境：最近几十年，法国共产党和社会党的大量选民转投右翼的国民阵线，德国社会民主党则因为支持默克尔的难民政策，导致2017年选举出现了类似的倒戈现象。

再次，身份政治可能威胁言论自由，进而威胁维系民主制度所必需的理性对话。福山观察到，身份群体对生活体验的关注重视的是情感体验到的内在自我，而不是理性审视下的内在自我。"这就使得真诚的观点高于本可能强迫人放弃这种观点的理性反思。当一种观点冒犯某人的自我价值感时，这种观点往往就丧失了合法性，因社交媒体而泛滥的形式简短的讨论更加助长了这种趋势。"

最后，最重要的问题是，正是左翼目前实践身份政治的方式激发了身份政治在右翼的兴起。身份政治催生了"政治正确"，而反对政治正确成了右翼政治动员的主要源头。的确，特朗普诉诸的正是那些厌烦政治正确、被民主党长期忽视的广大中下层白人的"共同身份"，从而获得了一批坚定的拥护者。在欧洲也出现了类似的情况。福山发现，右翼同样可以使用左翼的身份话语和框架："我这个群体正在被迫害，它的境遇和痛苦不为社会所见，整个社会和政治结构（指媒体和政治精英）应该被彻底摧毁。"而这只能导致政治运动的进一步激进化，社会的分裂和矛盾愈发不可调和。① 作为建制派的自由主义者，福山和里拉都认为，西方自由派若想摆脱当前的困境，成功对抗右翼民粹主义对民主的侵蚀，就必须淡化身份话语，而突出"我们人民"的叙事，淡化某一群体的特殊权利，强调作为国家公民的普遍权利。唯有如此，才能遏制社会分裂和碎片化的趋势，重新实现人民的团结。

问题在于，身份政治真的能够代表"左翼"的立场吗？其实，即便在西方左翼阵营内部，也不乏批判"身份政治"的声音。早在1996年的一篇演说中，著名的左派历史学家埃里克·霍布斯鲍姆（Eric Hobsbawm）就曾直率地指出，身份政治和"左派"存在着根本性的区别。在他看来，身份政治本质上是为了某个特定群体的成员服务的，身份集团只关心自己，为了自己而不是别人。这些集团即便组成同盟，也不是通过一套共同目标或价值维系起来，只是临时拼凑的统一。它们就像战争期间为了对抗共同敌人而临时组成的国家联盟，一旦彼此不再需要，就会很快分裂。而左派的关怀则与之根本不同。霍布斯鲍姆认为，与身份政治相反，左派的政治规划是普遍主义的，它是为全人类："不管我们如何诠释它们——自由并非只是企业股东或黑人的，而是所有人的；平等也不只是为了加里克俱乐部的所有成员或者残障人士，而是为了所有人；博爱也并非只是事关古老的伊顿公学或同性恋者，而是事关所有人。"因此，他提醒一些左翼人士，不要一头扎进身份政治的漩涡之中，也不要错误地把左派当作少数群体及其利益联盟。左派和身份政治或许能够结成短暂的同盟，可是从长远看，它们注定会分道扬镳。②

---

① ［美］弗朗西斯·福山：《身份政治：对尊严与认同的渴求》，刘芳译，中译出版社2021年版，第114—120页。
② ［英］埃里克·霍布斯鲍姆：《身份政治与左派》，易晖译，载《汉语言文学研究》2017年第1期，第37—43页。

由此可见，相对冷静的自由主义者和左派都认识到，身份政治在各种意义上都是一种分裂的力量。无论人们借助身份政治获得了什么，它都不可能给社会带来真正的团结。

（二）社会分裂严重

无论是身份政治，还是其他类型的政治极化，其实都是社会整体分裂的后果。如里拉所说："当公民身份的纽带崩裂了或者松懈了，亚政治归属在人们的头脑中自然会变得至高无上。"[①] 换言之，只有当民族国家无法塑造公民的认同，凝聚人们的共识，社会才会裂散为一个个彼此隔绝、对立的群体，国家才会陷入所谓的"文化战争"。问题在于，西方民主国家为何都不约而同地走到了这一步？倘若我们仅仅关注政治极化的表征，而不去探寻社会分裂的深层原因，那么恐怕也无法透视西方民主政制真正的症结所在。

我们仍然需要把目光转向当前西方民主政制背后的基本原则，即里拉和福山都忠心服膺的"自由主义"意识形态。美国著名政治哲学家迈克尔·桑德尔（Michael J. Sandel）认为，美国人据以生活的公共哲学是某种版本的自由主义政治理论，即"对于公民拥有的道德观和宗教观，国家应当持守中立。既然人们在最好的生活方式这个问题上各有不同的主张，政府就不应该在法律上支持任何特定的良善生活观。相反，政府应该提供一种权利框架，尊重人们作为自由且独立的自我，他们能够选择自己的价值与目的"[②]。因为自由主义宣称公正的程序优先于任何特定的目的，所以桑德尔将被这种原则所形塑的公共生活

[①] ［美］马克·里拉：《分裂的美国》，马华灵、顾霄容译，上海人民出版社2022年版，第144页。

[②] ［美］迈克尔·桑德尔：《民主的不满》，曾纪茂译，江苏人民出版社2008年版，第4—5页。

称为"程序共和国"(the procedural republic)。

所谓"程序共和国"其实是一种"中立国家"(neutral state)的政治框架。它自有其哲学依据,桑德尔认为,自由主义的"中立国家"原则基于一种十分现代的"自我"观念。根据这种观念,"自我"是先在的,与受经验限制的诸"目的"之间存在着不可消弭的距离,"自我"不被"目的"所决定,而是一个超越于各种善观念的、可以在诸目的之间进行自由选择的主体,人类就其本性来说"是一种选择其目的的存在者,而不是古人所谓的发现其目的的存在者"。[①] 伦理学家阿拉斯戴尔·麦金太尔(Alasdair C. MacIntyre)同样发现,自由主义的道德哲学完全以个体为基础来界定自我,导致了道德主体的个体化,"从个人主义的观点来看,我是我自己选择而成的那种存在。如果我愿意,我总是能够对那些被视为我的存在之纯粹偶然的社会特征提出质疑"[②]。总而言之,国家应当在诸种善观念中间保持严格的中立,它的作用仅在于保障每个个体选择目的的自由,而任何确立共同善的做法都是对这种自由的侵犯。

除哲学基础外,"中立国家"还与西方文明独特的历史遭遇有关。法国思想家雷蒙·阿隆(Raymond Aron)指出:"17世纪撕裂欧洲的宗教冲突,产生了以《利维坦》和《神学政治论》为代表的'中立国家'理论。"[③] 阿隆所说的"撕裂欧洲的宗教冲突"其实起源于16世纪的"宗教改革"运动,路德、加尔文等宗教改革家建立新教,并与天主教的罗马教廷决裂。两大阵营的对峙在欧洲各国引发了长达一个世纪的教派冲突,最

---

① [美]迈克尔·J. 桑德尔:《自由主义与正义的局限》,万俊人等译,译林出版社2011年版,第36页。
② [美]阿拉斯戴尔·麦金太尔:《追寻美德:道德理论研究》,宋继杰译,译林出版社2011年版,第279—280页。
③ [法]雷蒙·阿隆:《和平与战争:国际关系理论》,朱孔彦译,中央编译出版社2013年版,第1页。

终激化为惨烈的宗教战争。法国的胡格诺内战、英国的清教徒革命以及将整个欧洲卷入其中的"三十年战争"的导火索都是宗教信仰的分歧。所以施米特认为，宗教改革给西方人抛出了一个严峻的问题，就是"谁作决断"？这个问题之所以如此紧迫，原因在于路德、加尔文领导的改革运动虽然打破了罗马教廷的权威，但它是"未完成的"，它带来的是混乱而非秩序。罗马教宗至高无上的精神权威虽然被打倒了，但结果是每个人都有权宣称自己掌握了真理，并要求他人的服从——一个教宗倒下了，又站起来千千万万个教宗，对罗马发动的战争，演变成了"一切人对一切人的战争"①。正是在这样的历史情势下，产生了霍布斯的《利维坦》，也诞生了我们所熟知的现代主权国家。在霍布斯看来，无论是罗马教宗的权威，还是改革运动中个人化或宗派化的势力，都是稳定的政治秩序的破坏者。因此，新的政治制度首要的工作，就是完成这场改革的"未竟之业"，彻底取消精神权力和世俗权力的对立，结束权力多元割据的"自然状态"，形成唯一的至高主权。

尽管如此，现代西方国家并没有完全遵循霍布斯的指导，成为政教合一的"利维坦"，而是接受了有限政府的观念，走向了一条"政教分离"的道路，甚至演变成了如今的"中立国家"。据说现代国家的权力并非无限的，它仅限于维护公民的生命财产安全，而不能干涉他们的文化和信仰的选择，否则便是侵犯了每个人的"良心自由"——国家必须在诸多相互冲突的价值观念面前保持中立。

将这种观念发扬光大的思想家是约翰·洛克（John Locke）。作为"有限政府"理论最重要的阐发者，洛克的学说同样是为了应对欧洲16—17世纪的精神内战和政治分裂。洛克描绘了一

---

① ［德］施米特：《霍布斯国家学说中的利维坦》，应星、朱雁冰译，华东师范大学出版社2008年版，第164—165页。

个有限的政府。与霍布斯笔下那个拥有无限权力的"利维坦"不同,洛克设计出的政府只掌握有限的权力,仅限于维护社会的基本秩序和公民的生命、财产安全,并且随时都有被民众自下而上的革命推翻的可能。在《论宽容》一书中,洛克指出:"我以为下述这点是高于一切的,即必须区分政治事务与宗教事务,并且正确地界定教会和国家的界限。"也就是说,政府的权力仅在于保护公民此世中的利益,亦即"生命、自由、身体健康、远离病痛,以及外部的财产,包括土地、金钱、日常生活的必需品等",而对于与"灵魂拯救"相关的事务,政府则不可染指。① 洛克认为,公民们尽可以在私人领域保持自己的良心自由,信仰彼此对立的教义,但是却不能要求公共权威与某种特殊信仰相结合。在他看来,只要公共权力不再是专属某一个教派的工具,只要将宗教信仰完全驱逐出公共领域,那么,即便一个国家内部教派林立、彼此水火不容,也能避免国家在政治层面的分裂。

洛克规定的道路如今已经成为西方国家眼中唯一的"正道"。然而,考察历史就会发现,欧美各国从来就没有将国家的中立性作为自己一以贯之的原则,长期以来,他们采取的都是有限的宽容政策。法国16世纪的内战随着亨利四世的即位而宣告终结,他为了得到巴黎市民的承认,由新教改信天主教,最终恢复了国内的秩序。为了安抚国内的新教徒,他于1598年颁布《南特敕令》,在宣布天主教为国教的同时,也承认新教徒拥有信仰自由。1789年之前,天主教一直在法国占据统治地位。尽管在启蒙运动和法国大革命的推动下,法国开始出台一系列打击教会势力、促进政教分离的政策,但直到1905年,法兰西第三共和国才通过《政教分离法》,彻底将宗教从公共领域分离

---

① Richard Vernon ed., *Locke on Toleration*, Cambridge: Cambridge University Press, 2010, pp. 6 – 7.

出去，确立起法国的世俗国家属性。

英国的情况也是类似，1829年，英国颁布《天主教解放法案》，解除了针对天主教徒的一系列限制政策，正式宣告以国教为核心的"旧制度"的终结。历史学家克拉克（J. C. D. Clark）认为，在这之前，国教制度曾对英国社会的整合发挥了巨大的作用；它终结了宗教战争和民众的反抗，维持着国家的统一和团结，创造了一个有利于和平发展的环境。与此同时，国教的统治还实现了一种有限度的宽容，在少数派不夺取政治权力的条件下，保证他们的信仰自由——国教占据主导性的统治地位，但仍然容纳了五花八门的其他教派。[1]

据说美国从建国之日起就忠实地贯彻了洛克的原则，美国宪法第一修正案规定："国会不得制定建立国教或禁止宗教自由的法律"，看似对一切信仰和文化一视同仁。但正如托克维尔观察到的，在很长一段时间里，所谓的"中立"只是国家在基督教各教派之间保持中立，而新教文化一直都是支撑美国民主政制的重要"政治设施"，它深刻塑造了美国人的价值观念和身份认同，倘若脱离了新教文化陶冶的"民情"，就无法理解美国的民主制度。[2]

上述例证都说明，西方列强在迅速崛起的数百年里，并没有在文化上采取无限制的开放政策，恰恰相反，在构建民族国家的过程当中，他们从未丢弃西方文明的根基，更不曾在本民族的文化传统和其他异己的价值观念之间保持"中立"，将公共秩序仅仅奠定在所有人的自然欲望和激情之上。即便是洛克，也为他的宽容原则划定了一个底线：那些违背文明社会基本道德原则，不服从本国法律甚至意图颠覆本国政治制度的教派，

---

[1] ［英］J. C. D. 克拉克：《1660—1832年的英国社会：旧制度下的宗教信仰、观念形成和政治生活》，姜德福译，商务印书馆2014年版。

[2] ［法］托克维尔：《论美国的民主》（上卷），董果良译，商务印书馆1988年版，第333—348页。

将不是宽容的对象。① 可能他也认识到，倘若价值的多元化突破了政治统一的底线，假如没有一个作为黏合剂的主流文化，那么想要在社会结构剧烈变革的历史形势中保持秩序的稳定和国家的团结，将是一件不可能完成的任务。

回过头来，我们或许就能更加清楚地看到西方社会如今陷入撕裂状态的原因所在。20世纪60年代是西方左翼和民权运动风起云涌的时代，在这之后，身份政治逐渐兴起，人们开始以族群、文化和信仰来确定自己的政治认同。而且，随着外来移民的大量涌入，欧美各国的民族结构愈发复杂。在此背景下，各国都纷纷放弃了用本国主流文化对移民进行同化的政策，将多元文化主义作为自己制定相关法律、政策的指导方针——国家的"中立性"终于得到了完全的实现。用若瑟兰·麦克卢尔（Jocelyn Maclure）和查尔斯·泰勒（Charles Taylor）的话说，20世纪的西方国家已经从"共和主义"的政教分离转向了"自由—多元的"政教分离。前一种模式其实是启蒙传统的遗产，要求促进个体解放和公民融合，这就要求将宗教严格限制在私人领域，保持公共领域的世俗性质；而"自由—多元的"政教分离则允许宗教元素出现在公共领域，甚至鼓励公民展现自己的文化差异性，认为只有这样才能充分保障少数群体的平等权利。②

此种政策路线的理论阐发者之一就是前文提到过的哈贝马斯。作为"宪法爱国主义"的倡导者，哈贝马斯主张现代国家的认同已经不能以某个特殊民族的文化传统为基础，而是要在民主法治国的宪法框架之下，充分尊重各族群文化、宗教差异性，通过公民之间的交往和商谈，形成一种更具包容性和普遍

---

① Richard Vernon ed., *Locke on Toleration*, Cambridge: Cambridge University Press, 2010, pp. 35–37.

② ［加］若瑟兰·麦克卢尔、查尔斯·泰勒：《政教分离与良心自由》，程无一译，江苏人民出版社2018年版，第27—34页。

性的公共政治文化。① 美国的政治哲学家罗尔斯同样是多元文化主义的支持者。他相信，尽管现代社会中各族群的世界观和价值观互相冲突，但是他们能够在认可政治自由主义基本原则的前提下，达成一种"重叠共识"（Overlapping Consensus），从而获得一种共有的政治观念，这种被每个文化背景的公民都认可的共有观念，就能成为现代社会统一和稳定的基础。②

那么，在现实中，多元文化主义的效果如何呢？在震动世界的"9·11"事件之后，《文明的冲突》的作者亨廷顿出版了人生中最后一部作品：《我们是谁：美国国家特性面临的挑战》。这本书的标题既是亨廷顿的疑问，也是西方社会今天面临的困惑所在——在一个多元文化主义的时代，如何确立公民对国家的认同，如何塑造共同体的团结？亨廷顿认为，美国在历史上的确一度发挥了"民族熔炉"的作用，它通过"盎格鲁—新教"的美国信念使多民族、多文化的美利坚得以"合众为一"（E pluribus unum）。美国正是通过这种方式使得人民有了共同之处，确立了美国人的身份认同，使美国人区别于别国人民。在亨廷顿眼中，这恰恰是一个现代民族国家的政府应当做的事情，因为民族国家不同于"帝国"，其任务就是促进人民的团结，塑造国民意识，并对各种离心势力进行压制。

但是到了20世纪中后期，活跃于学术界和媒体界的西方左翼人士开始以多元文化主义和反对"西方中心论"的名义解构美国历史的主流叙事，攻击美国对西方文明的认同，否认存在一个共同的美国文化，提倡种族的、民族的和

---

① Jan-Werner Müller, *Constitutional Patriotism*, Princeton and Oxford: Princeton University Press, 2007, pp. 15–45.

② ［美］约翰·罗尔斯：《政治自由主义》，万俊人译，译林出版社2000年版，第141—183页。

亚民族的文化认同和分类。① 著名史学家小阿瑟·M. 施莱辛格（Arthur M. Schlesinger, Jr）认为，20世纪下半叶，文教领域多元文化主义的兴起和美国特殊的历史境遇有关——在美国历史上，黑人、印第安人、拉丁裔等少数族群的确遭受过盎格鲁—撒克逊白人在经济、政治、文化等各个层面的歧视、排斥、压迫乃至奴役。少数族群试图通过反对"西方中心论"、强调本族群独特的文化认同来治愈历史伤痛、找回自身尊严，这种做法本身无可非议。但是，这一运动逐渐走向极端，对西方中心论的反叛反倒酝酿出了类似"非洲中心论"的族群中心主义观念，从而瓦解了维系"美利坚是'一个民族'、一种共有文化、一个国家"这一认同的精神纽带。② 此类在大学中蔚然成风的思潮也得到了法律和政策的认可，20世纪60年代民权法案通过后制定的各项立法就表现出了多元文化的趋势；90年代，克林顿政府更是把实现文化的多元性当成了目标本身。亨廷顿十分坦率地指出，这样的政策已经把美国从"民族熔炉"变成了"民族的马赛克"，使美国失去了自己的民族特性，长此以往，必然将美国带向文化的和政治的分裂。③

亨廷顿对美国社会的诊断相当精准，显然，毫无节制的多元文化主义看似维护了每个个体和群体的平等权利，却没有使社会更加团结，反而导致了离心离德的后果——2016年特朗普当选美国总统便是最好的例证。在多元文化主义意识形态的笼罩下，国家不但失去了使用公共权威凝聚价值共识的正当性，而且成为"精神内战"的推动者。

---

① David Gress, *From Plato to NATO: The Idea of the West and Its Opponents*, New York: The Free Press, 1998, pp. 29–48.

② ［美］小阿瑟·M. 施莱辛格：《美国的分裂：对多元文化社会的思考》，王聪悦译，上海译文出版社2021年版。

③ ［美］亨廷顿：《我们是谁：美国国家特性面临的挑战》，程克雄译，新华出版社2005年版，第119—148页。

欧洲的状况也不算乐观。在难民危机中，德、法两国首当其冲，而它们也在20世纪先后采用了多元文化主义的政策。这种政策同样没有起到推动社会整合的作用，而是加剧了社会分裂和族群对立。难民危机在某种意义上引爆了欧洲酝酿已久的社会矛盾，与此同时，欧洲保守、排外的右翼势力也不断坐大，获得越来越多的民众支持，2015年的"迪麦颇"（infratest dimap）民调显示，54%的德国受访者认为难民无法成功地融入德国，①2016年的民调则表明，有60%的德国人认为"伊斯兰不属于德国"。②

对多元文化主义的不满并不尽然是民粹的情绪，欧洲的知识分子也对当下的危机做出了反思和回应。法国政治思想家皮埃尔·马南（Pierre Manent）就认为，法国的移民问题绝不仅仅是一项简单的社会问题，它实际上反映了移民社群和主流价值观之间的矛盾和冲突。法国遵循自由主义的信仰自由、政教分离和多元文化主义的政治原则，这保护了移民群体实践自身宗教信仰和习俗的自由权利，可这种信仰和习俗所塑造出的生活方式和社群秩序又完全违背了法国乃至欧洲的主流价值观念。保护移民宗教信仰自由的后果，恰恰是他们对这种自由、平等原则的蔑视和攻击。在马南看来，之所以会造成这样的状况，正是因为极端的世俗主义与"中立国家"使法国失去了在文化上对移民社群进行整合的意愿和能力——彻底的"开放社会"将无力应对它的"敌人"。③

---

① 资料来源：https：//www.infratest-dimap.de/umfragen-analysen/bundesweit/umfragen/aktuell/54-prozent-der-bevoelkerung-meinen-wir-schaffen-es-nicht-die-fluechtlinge-erfolgreich-zu-integrieren/。

② 资料来源：https：//presse.wdr.de/plounge/wdr/programm/2016/05/20160512_ihre_meinung_umfrage.html。

③ Pierre Manent, *Beyond Radical Secularism: How France and the Christian West Should Respond to the Islamic Challenge*, trans. by Ralph C. Hancock, South Bend: St. Augustine's Press, 2016.

2017年10月，一群保守派学者（马南也位列其中）联名发表了一篇名为《一个我们能够信靠的欧洲》（A Europe We Can Believe in）的"巴黎声明"。他们持有和亨廷顿相似的立场，在这篇声明中，他们批评多元文化主义者创造出了一个"虚假的欧洲"，这个"后民族""后文化"的虚假欧洲无视西方文明的根基，要求欧洲人阉割掉自己的基督教传统，以为这样就能营造一个开放包容的社会。他们没有认识到，自己所推崇的平等、自由、宽容的道德正是在欧洲古典—基督教文化传统的根脉上生根发芽的，离开了这一传统，一切开放社会的设想都只会是空中楼阁。所以，这些学者认为，倘若要建立一个真正多元一体（unity-in-diversity）的欧洲，恰恰需要重申西方文明传统的主体性，唯有如此，才能避免社会的分裂和虚无主义的盛行。①

（三）民粹主义泛滥

德国史学家温克勒（Heinrich August Winkler）不无担忧地指出，近年来，西方的自由民主体制正处于退守状态。② 温克勒所言不虚，如今，除政治极化、社会分裂之外，人们对于西方民主乱象最深刻的印象莫过于民粹主义的泛滥。2016年，美国的右翼民粹主义领袖特朗普当选总统，在四年后的大选中，民主党人约瑟夫·拜登最终获得306张选举人票，战胜了特朗普。然而，这位美国历史上可能最具争议的总统并没有接受自己败选的现实。他不但不承认选举结果，而且持续地制造选举存在舞弊的舆论。2021年1月6日，特朗普的大量支持者涌入华盛顿特区，暴力冲击国会大厦，与警方发生冲突，不仅导致

---

① Philippe Bénéton et al., "The Paris Statement: A Europe We Can Believe in," https://thetrueeurope.eu/a-europe-we-can-believe-in/.

② ［德］海因里希·奥古斯特·温克勒：《西方的困局：欧洲与美国的当下危机》，童欣译，中信出版集团2019年版，第335页。

国会参众两院会议被迫中断，还造成了多人死亡的后果。与此同时，欧洲的民粹主义势力也正在强势崛起。法国极右翼民粹主义政党国民阵线的领导人玛丽娜·勒庞在2017年的总统选举首轮投票中，以第二名（21.7%的有效选票）进入总统选举第二轮投票，仅比最终当选总统的马克龙落后2.2%的有效选票，并且在第二轮投票中获得了33.9%的支持率。而在2022年的总统选举中，勒庞再次杀入第二轮投票，虽然以41.4%的得票率再次负于马克龙，但是她也已经比上一次更加接近最终的胜利。当然，民粹主义也不是西方右翼的专利，比如美国的左翼政治家伯尼·桑德斯（Bernie Sanders）也往往被人贴上"民粹主义"的标签。他虽然在2016年、2020年民主党内的总统候选人竞争中输给了希拉里、拜登等建制派政客，但是，他激烈抨击寡头"金权政治"、推崇"民主社会主义"的主张仍然在美国反感新自由主义秩序的年轻人和中下层民众当中有大量的支持者。

　　特朗普、勒庞和桑德斯的事例都足以说明，民粹主义在如今的西方国家中拥有庞大的市场。那么，什么是民粹主义？一直到今天，学界对于民粹主义都没有形成统一的定义，但学者们对于民粹主义的理解总存在一些共同点，比如所有民粹主义运动都会诉诸"人民"的名义，自视为群众的化身，并且具有反精英和反建制的特征。如保罗·塔格特（Paul Taggart）就认为，一方面，民粹主义敌视制度，"在最好的时期，民粹主义者以厌恶的态度来看待制度，但在危机时期，他们把制度看作是致命的"，另一方面，民粹主义常常倾向于用其所选择民众的理想化观点来确定自身，并把它们置于相似的理想化背景之中，"民粹主义之中有一个暗示性的中心地区的构想，人民居于中心地区，民粹主义者赋予了人民以创造性和依靠性的作用"[①]。扬

[①] ［英］保罗·塔格特：《民粹主义》，袁明旭译，吉林人民出版社2005年版，第3—4、144页。

—维尔纳·米勒（Jan-Werner Müller）则把民粹主义形容为一种"特定的对政治的道德化想象""是一种在政治领域内一群道德纯洁、完全统一，在我看来纯属虚构的人民，对抗一群被视为腐败的或其他方面道德低下的精英们的认识方式"。①

民粹主义的动力来自一种取消精英制度、由民众直接统治的激情，如前文所述，西方的代议制在很大程度上就是为了限制这种激情才被设立的。但即便如此，托克维尔在观察美国民主的实践之时，仍然对"多数人暴政"的可能性万分警惕："假如有一天自由在美国毁灭，那也一定是多数的无限权威所使然，因为这种权威将会使少数忍无可忍，逼得少数诉诸武力。那时将出现无政府状态，但引起这种状态的是专制。"② 托克维尔认为，这是由民主政府的本质所决定的，"民主政府的本质，在于多数对政府的统治是绝对的，因为在民主制度下，谁也对抗不了多数"。而且多数敌视少数精英，认为自己应当直接统治的主张有其"道义"依据，亦即一种绝对的平等观念，所有人不仅在利益层面而且在智识层面都是平等的，根据这种理论，多数人的利益应当优先于少数人的利益，许多人联合起来也总要胜过一个人的才智。③ 与托克维尔类似，美国政治的另一位观察者亨廷顿同样发现，那些支持民粹主义的原则本身就蕴藏在美国自己所认同的"信条"当中："相比于其他大多数社会，美利坚信条的价值体系包括自由、民主、平等和个人主义，以及由此产生的根本上反政府、反权威特点。其他意识形态能够赋予既有权威和制度合法性，美利坚信条却使一切等级制、强制性、

---

① ［德］扬—维尔纳·米勒：《什么是民粹主义？》，钱静远译，译林出版社 2020 年版，第 25—26 页。
② ［法］托克维尔：《论美国的民主》（上卷），董果良译，商务印书馆 1988 年版，第 299 页。
③ ［法］托克维尔：《论美国的民主》（上卷），董果良译，商务印书馆 1988 年版，第 282—284 页。

权威主义的组织失去合法性——即便是美国特色的政治机构也不例外。"①

美国的信条本身就为民粹主义者攻击美国的代议制政府和政治权威提供了武器。那么，这种信条由何而来？毫无疑问，一个重要的源头当然是欧洲启蒙运动所宣扬的自由、平等以及个人主义的原则，②但历史学家理查德·霍夫施塔特（Richard Hofstadter）则认为，这种反建制、反精英冲动的另一个根源就在美国"反智主义"的民情当中。在霍夫施塔特看来，美国的反智主义与其独特的"福音派"（Evangelical）传统密切相关。福音派是美国的新教教派，其一大特征便是对制度化的等级制教会和传统权威的强烈反叛。美国福音派信徒和16世纪英国清教徒的心性高度相似，他们宣扬"重要的是'灵'，而不是学识"，认为任何人都可以布道，哪怕没有接受过任何专业知识的学习和训练，只要他拥有独特的个人体验，只要他具备充沛的情感，能够用自己的言辞和表演让其他人感动，让更多的灵魂皈依他们的教派，那么他就是一名优秀的传道人。相比于个人的灵性体验，知识和书籍不但没有什么作用，反而会动摇人们的信仰，让人远离虔信的生活。同样，对福音派而言，重要的是热情和直觉，而不是理性的心智。在智识水平上，普通人或许不如知识分子，但是普通人的直觉却不逊于知识精英，甚至比知识精英更加出色。在福音派看来，那些接受过多年教育、高高在上、墨守成规的体制内"精英"和知识阶层根本没有资格承担引领社会的责任，道德和宗教的复兴只能依靠能够打破体制、拥有

---

① [美]塞缪尔·P. 亨廷顿：《美国政治：激荡于理想与现实之间》，先萌奇译，新华出版社2016年版，第6—7页。
② [美]詹姆斯·麦格雷戈·伯恩斯：《启蒙：思想运动如何改变世界》，祝薪闲译，文汇出版社2019年版，第88—115页。

道德良知、勇于行动的平民大众。①

促使霍夫施塔特关注美国"反智主义"根源的直接原因，是美国20世纪50年代以麦卡锡主义为代表的民粹运动，但他的判断对于当下美国盛行的民粹主义仍具有一定的解释力。例如，特朗普的行事就具有很强的反智主义倾向。一方面，在新冠疫情暴发后，他和自己的支持者一起，拒绝听从医学专家的建议，抵制佩戴口罩等必要的防疫措施，而且在公开场合传播了许多有悖科学常识的言论。另一方面，美国的白人福音派基督徒群体正是特朗普最可靠的"铁票仓"，在2016年的总统选举中，有81%的白人福音派基督徒将选票投给了特朗普。② 为了回应这一部分选民的期待，特朗普在当政期间，颁布了限制穆斯林移民入境的法令，提名三位持保守立场的最高法院大法官，在乔治·弗洛伊德事件引发的暴乱发生后，他还手执《圣经》在教堂门前发表讲话，宣称"我们是世界上最伟大的国家"。③ 不仅如此，在特朗普上台之后，福音派的势力还渗入了美国的权力核心，并深得特朗普倚重。据考察，特朗普的多位高参都具有深厚的福音派背景，形成了一个被政敌讥讽为"宫廷福音派"的资政团队。④ 如果像托克维尔所说，美国的新教传统为它的民主制度奠定了"民情"的基础，那么，我们可

---

① [美]理查德·霍夫施塔特：《美国生活中的反智主义》，何博超译，译林出版社2021年版，第71—145页。

② Elana Schor and David Crary, "Evangelicals Stick with Trump, See Upside even if He Loses," November 7, 2020, https://apnews.com/article/election-2020-joe-biden-donald-trump-race-and-ethnicity-elections-7433585aae55ea0cadd9ea5f0eb00a62.

③ Gabrielle Chung, "Donald Trump Poses with a Bible at Church Photo Op After Police Clear His Path Using Tear Gas," June 1, 2020, https://nz.news.yahoo.com/donald-trump-poses-bible-church-041104943.html/.

④ 徐以骅：《特朗普与他的福音派高参们》，《宗教与美国社会》2019年第1期。

以说，它同样也是美国反智主义和民粹主义的一大源头。

也有学者主张，不能简单地在道德上谴责民粹主义，而是要把民粹主义看作当代西方民主制度失灵的后果。比如塔格特就将民粹主义视为代议制政治的一张晴雨表，"透过它，我们可以诊断代议制政治的健康状况……哪里有民粹主义者，以运动或政党的方式来进行动员，哪里就有充分的理由对代议制政治的功能进行检视，哪里就有充分的理由怀疑它的某些环节可能出了故障"①。政论家约翰·朱迪斯（John Judis）则认为，应当把当前盛行于欧洲和美国的民粹主义运动看作是20世纪70年代以来主宰西方的"新自由主义"政治经济路线的后果。20世纪70年代，西方国家经济陷入"滞胀"危机，而凯恩斯主义对此束手无策。在里根、撒切尔夫人等政治家的推动下，西方各国纷纷转向新自由主义，主张私有化，削减政府开支，反对国家干预，提倡自由放任的市场经济。但是，新自由主义进一步加剧了经济的不平等。在这个过程中，华尔街和硅谷的精英赢得了巨量的财富，可从事传统制造业的工人却没有从中获得明显的好处，相反，新自由主义推动的全球化进程一方面引导本国的制造业迁移到劳动力更为廉价的国家和地区，另一方面使得大量外来移民涌入，导致本土的中低收入人群的收入进一步降低，甚至丢掉工作。与此同时，新自由主义对金融监管的松弛终于在2008年酿成大祸，国际金融危机从美国开始，最终席卷全球，引发了经济的大衰退。正是在这场新自由主义引发的大衰退中，建制派政治精英的应对无力为民粹主义的兴起提供了空间。

朱迪斯观察到，2008年后，民粹主义在美国得以发展的一个根本原因在于美国的建制派没能实施一套区别于新自由主义

---

① ［英］塔格特：《民粹主义》，袁明旭译，吉林人民出版社2005年版，第156页。

的应对危机的方略。国际金融危机背景下上台的总统奥巴马非但没有对华尔街采取有力的整治措施，反而采取了依从华尔街和自由市场的政策。他推迟施行某些金融改革措施，因为担心这些措施会动摇商业信心；他选择优先救助大银行，而非帮助资不抵债的房奴们。这种姿态使得受经济衰退影响最严重的普通美国人深感失望，他们中的很大一部分要么转向特朗普代表的右翼民粹主义，要么转向桑德斯代表的左翼民粹主义。特朗普和桑德斯看似分别站在美国政治光谱的两个水火不容的极端，但朱迪斯却从他们的民粹立场中看出了一个共同点，那就是对"新自由主义"路线的反叛，对全球化的警惕，对不平等的经济格局的不满，以及对高踞于华盛顿和华尔街的掌权者的憎恶。朱迪斯认为，应当以同样的视角来理解欧洲的民粹主义运动，无论是英国的独立党还是法国的国民阵线，其强调国家经济主权、反欧盟、反移民的主张之所以能够在本国获得如此之多的支持者，是因为新自由主义格局下受到剥夺和忽视的中下层民众对现行政治经济秩序极度不满。①

美国左翼学者南希·弗雷泽（Nancy Fraser）则指出，像多样性和赋权这样的理想，原则上可以服务于不同的目的，如今却为损害制造业和中产阶级的那些政策推波助澜。在经济高度金融化、身份政治如火如荼的时代，"在这个大都市的美丽新世界中留下来的人，当然主要是产业工人，但也还有一些管理者、小企业主，以及靠'锈带'地区和南部地区的工业生产谋生的人与饱受失业和毒品之苦的乡下人"却遭到了抛弃和漠视，而他们恰恰成为特朗普最坚定的支持者。在弗雷泽看来，对进步自由主义不满的民众之所以最终投向特朗普，一个重要的原因是美国不存在真正的左派力量。在制造业深陷低谷的年份里，美国喋喋不休地谈论

---

① ［美］约翰·朱迪斯：《民粹主义大爆炸》，马霖译，中信出版集团2018年版。

"多样性""女性赋权""反歧视斗争"。这是识别精英群体而非追求真正平等的过程。这种自由个人主义（liberal individualist）对进步的理解逐渐取代了20世纪60—70年代兴起的对解放运动更普泛的、反等级制的、平等主义的、阶级敏感的以及反资本主义的共识。一旦新左派的立场被排除出政治舞台，那么美国人民所面对的就只有"反动的民粹主义"和"进步的新自由主义"之间的"霍布森选择"（the Hobson's choice），当他们对进步新自由主义联盟的代表——希拉里·克林顿忍无可忍之时，就必然会倒向特朗普。因此，美国的左翼就不应该为希拉里的失败感到沮丧，而是必须为人民提供一种既不同于右翼民粹主义，也不同于进步自由主义的政治蓝图："我们不应该接受政治阶层向我们开出的条件，而应致力于借助广泛且不断扩大的社会反感的基础来重新制定现有秩序；我们不应与金融化和解放的联盟为伍来对抗社会保护，而应努力打造解放和社会保护相结合的新联盟来反抗经济金融化。在这个以桑德斯的观念为基础的方案中，解放并不意味着使公司等级制变得更加多元化，而是要废除它。繁荣也不意味着股票价值或企业利润上升，而是使所有人过上好生活的物质前提。这个联盟也是应对当下局面的唯一负责任且吸引人的方式。"①

（四）小结

如今，西方社会正在陷入越来越深的冲突、对立与极端情绪中——激进的身份政治将社会细分成一个个无法互相理解的身份群体；宗教和文化的"内战"瓦解了公民对国家的

---

① ［美］南希·弗雷泽：《进步的新自由主义还是反动的民粹主义：一个霍布森选择》，载［德］海因里希·盖瑟尔伯格编《我们时代的精神状况》，孙柏等译，上海人民出版社2018年版，第29—33页。

认同；激进的民粹主义者们已经和建制派的政治精英公开决裂。然而，无论是身份政治、文化内战还是民粹主义，都只不过是西方社会政治和精神失序的表征，究其症结，仍在于西方国家普遍奉行的政治制度。西式民主政制以代议制和竞争性选举为标志，但除此之外，仍有其他的组成要素。

首先，西方民主政治是在"中立国家"的框架之下运行的，这一制度立足于自由主义的原则，宣称对所有对立冲突的宗教、价值、文化和生活方式都采取宽容和中立的态度。"中立国家"最初的目的，在于消弭由于激烈的宗教冲突而引发的内战和杀戮，但西方国家却将这一自由主义原则推向了极端。为了促进所谓多元文化，西方国家主动取消了自身文明传统的主体性，仅仅将其视为诸文化的一种。结果，西方国家所奉行的政治价值的文化根基被掏空了。面对身份政治和宗教冲突的挑战，如今的西方国家既无力弥合公民在价值层面的对立和冲突，也没有办法塑造社会的共识和团结，导致政治体内部的"精神内战"固化，公民对国家的文化认同成为一个永远无解的问题。

其次，自20世纪70年代以来，英、美等西方国家纷纷转向"新自由主义"的政治—经济路线，扼杀了西方民主制度走向"经济民主"的可能。新自由主义的社会秩序加剧了不平等，扩大了贫富差距。随着新社会运动和"政治正确"兴起，并与新自由主义的秩序充分合流，铁锈地带从事传统行业的"乡下人"[①]的地位进一步跌落，他们的命运和处境无人关心，他们的价值观念遭到"华尔街""硅谷"和"好莱坞"精英的轻蔑和嘲笑，于是，他们便将怨恨和不满的矛头指向代表进步主义和

---

① 这是 J. D. 万斯（J. D. Vance）用来指代大多数美国白人蓝领的称呼。他们世代挣扎在贫穷和困顿之中，看不到改变命运的希望，其"美国梦"已经彻底破碎。详见［美］J. D. 万斯《乡下人的悲歌》，刘晓同、庄逸抒译，江苏凤凰文艺出版社2017年版。

新自由主义秩序的社会精英。现代西方的政治秩序本就建立在一种反权威、反统治的政治信条和宗教民情之上，如今，这种现实存在的困境和情绪更为民粹主义的滋生和发酵提供了土壤。在这个意义上，"民粹主义"既是西方政治、经济制度结出的恶果，也是西方社会大多数被冷落和遗弃者在绝望中发出的愤怒呐喊。

五　西方民主的治理困境

亨廷顿在《变动社会中的政治秩序》一书开篇中这样写道："国家之间政治上最重要的区别，不在于政府的形式，而在于政府的水平。"[①] 政体的形式并不能保证政府的水平，对民主政体而言同样是如此。无论什么类型的民主政体，它要么实现了人民对国家的统治，要么在形式上保障了政府的权力在根源上由人民授予，但主权在民是一回事，良好且有效的治理是另一回事。历史和现实不止一次告诉我们，民主政体并不能自动地提供一个廉洁和负责任的政府，同样也无法确保有效的治理，有的时候，民主政体甚至可能将国家引至相反的方向。本章将主要讨论国外学者对西方民主治理模式较有代表性的反思，分析其治理层面的缺陷与西式民主制度之间的关系。

（一）否决政治盛行

在第三章中，我们提到了美国的"否决政治"，而它的源头就在美国的政治制度之中。首先，美国是一个联邦制国家，最初由 13 个独立的殖民地联合而成，联邦政府的成立并没有取消各州的独立地位，美国宪法只是将原本属于各州的权力分给了联邦政

[①] ［美］亨廷顿：《变动社会中的政治秩序》，张岱云、聂振雄、石浮、宁安生译，上海译文出版社 1989 年版，第 1 页。

府。美国宪法第十修正案规定:"宪法未授予联邦、也未禁止各州行使的权力,保留给各州行使,或保留给人民行使之。"州政府对州内事务拥有广泛的权力,很多时候即便联邦政府也无法干涉。其次,美国在政府内部实行"三权分立",立法、行政、司法三种权力彼此独立、相互制衡。

制定这套分权和制衡体系的初衷是为了保护个人自由,限制国家的权力。洛克在《政府论》(下篇)中就指出:"如果同一批人同时拥有制定和执行法律的权力,这就会给人们的弱点以极大诱惑,使他们动辄要攫取权力,以使他们免于服从他们所制定的法律,并且在制定和执行法律时,使法律适合于他们自己的私人利益,因而他们就与社会的其余成员有不相同的利益,违反了社会和社会的目的。"[①] 因此洛克提出,为了保护公民的权利,就必须把立法权、执行权和对外权交予不同的个人或机构掌管。但真正提出立法、行政、司法三权分立的理论家则是孟德斯鸠,他在《论法的精神》中指出,一旦这三种权力中任意两种被同一人或同一机关掌握,那么公民的政治自由就不复存在了,而"如果同一个人或是由重要人物、贵族或平民组成的同一机关行使这三种权力,即制定法律权、执行公共决议权和裁判私人犯罪或争讼权,则一切便都完了"[②]。但是孟德斯鸠的设想最初并非在欧洲实现,而是在美国的政治制度中得到了遵循。作为美国政制的理论阐发者,麦迪逊认为,正是因为人性存在缺陷,所以才需要建立政府,"倘若人人都是天使,就用不着政府。倘若组成政府的人都是天使,对政府的外部控制和内部控制,也都成为多余"。美国的建国者继承了尼可罗·马基雅维利对于人性的看法,相信包括统治者在内的所有人本

---

① [英]洛克:《政府论》(下篇),叶启芳、瞿菊农译,商务印书馆1996年版,第89页。
② [法]孟德斯鸠:《论法的精神》(上卷),张雁深译,商务印书馆2019年版,第185—186页。

质上都是自私贪婪的动物，所以，为了防止权力的滥用，就不能指望掌权者的自我约束，而是必须"用野心对抗野心"，分割权力，让它们彼此对抗，相互制衡，从而避免暴政的产生。①

但是，为了限制和约束权力的制度却也可能妨碍权力的有效行使。施米特曾指出，西方议会制国家的基本原则就是"分权"和"制衡"，但是，有必要区分议会的原则和政府的原则。"最杰出的政治家承认的一条普遍原则是，立法乃深思熟虑之事，必须交由一个较大的会议来做。决策和维护国家机密则属于行政权，这是'随着人数的增加而会恶化的事情'。"同样，对公民自由的保障，只能由立法机构而非行政机构来执行，立法机关中的不同意见是有益且必要的，但在行政机构中却并非如此，尤其在战争和骚乱期间："这时必须果断行动，决策的统一性属于它。"② 萨托利则提醒人们，"统治者权力较少，丝毫也不意味着被统治者的权力较多"。一味限制统治者权力所导致的结果可能是各方均受到损失，统治者失去的权力并没有落到被统治者的手中。萨托利将这种现象称作"过载和不可统治状态"，在他看来，"至今为止西方民主制度的总趋势一直是向着散乱的丧权、虚弱和麻木的方向发展。因为在相当一段时间里，增长中的权力一直是各式各样一刀切式的'否决权'，阻止行动权"。③

福山认为，如果一套政治制度要有效保障公民的自由和权利，那么一定程度的权力制衡乃是必要的。但是就否决者的绝对数量而言，美国政治体制在现代西方国家中却是一个异类。

---

① [美] 亚历山大·汉密尔顿、詹姆斯·麦迪逊、约翰·杰伊：《联邦论》，尹宣译，译林出版社2010年版，第354页。

② [德] 卡尔·施米特：《合法性与正当性》，冯克利、李秋零、朱雁冰译，上海人民出版社2014年版，第53页。

③ [美] 乔·萨托利：《民主新论》，冯克利、阎克文译，东方出版社1998年版，第137页。

福山比较了美国和英国的政治体制,他发现,英国通过定期选举的议会实现了公民对政府的正式制约,在其他方面,这个体制倾向于集中权力而非分散权力。在纯粹的威斯敏斯特体系中,只有一个全能的立法议会,没有独立的总统、成文宪法、违宪审查、联邦主义或宪法规定的地方分权。英国施行简单多数投票制,即使多数党只获得相对多数,往往也能达成两党联合执政和强大的议会多数党。在政党的内部有严格的纪律,保守党或工党的领袖可强制本党议员根据自己的意愿投票。此外,议会多数派选出的政府被赋予了强大的行政权力,立法一旦被议会通过,一般不会受到法院、州、市和其他机构的阻挠。福山认为,这就是英国体系通常被称为"民主独裁制"的原因所在。相比之下,美国制度的某些领域中有太多的制衡,以致集体行动的成本大大增加,有时甚至寸步难行。一个集中的体现就是美国的立法缺乏长远的战略眼光,缺乏连贯性,造成往往不愿负责的庞大政府。国会的众多委员会经常颁发重复重叠的任务,或创建执行类似任务的多个机构。在中央已经毫无条理的体系,叠加上联邦主义的制度安排,到了地方就变得更加支离破碎。例如,在美国负责监管金融部门的机构,就有美联储、财政部、证券交易委员会、联邦存款保险公司等多达 10 个机构。由于缺乏连贯统一的监管者,银行业就很容易钻体系的空子,从而逃脱监管。①

其实,福山的观点也不是什么全新的创意。早在 1990 年,政治学家胡安·林茨(Juan Linz)就发表过《总统制的危机》一文,讨论总统制的内在缺陷。林茨指出,在总统制下,立法机关和行政机关之间的分离使治理问题重重。行政权和立法权是分立的,并且都来自人民的选举。于是,双方都可以宣称自

---

① [美]弗朗西斯·福山:《政治秩序与政治衰败:从工业革命到民主全球化》,毛俊杰译,广西师范大学出版社 2015 年版,第 447—453 页。

己是人民的代表，当双方立场出现分歧时，"谁拥有更大的权力来代表人民说话"这一问题就很难得到妥善的解决，冲突就可能经常发生，甚至有时激烈爆发，"不存在可以解决这一冲突的民主原则，由宪法设定的机制有可能被证实为过于复杂和墨守成规，因而在选民看来没有什么力量。所以过去在这种情况下，军队常常试图作为调解力量进行干涉就并非偶然了"。行政机关和立法机关之间的僵局导致总统寻求宪法之外的治理方案，进而导致宪法体系的崩溃，威胁民主治理。在当时的林茨看来，美国的总统制是一个"例外"，他认为这是由于美国政党组织独一无二的分散性，换言之，没有严格的组织纪律和鲜明的意识形态。其他的总统制国家就没有那么幸运了，由于行政权和立法权的严格分立，"现代政党的发展，尤其是在社会和意识形态方面两极分化的国家中，通常会激化而非缓和立法和行政部门之间的矛盾"[1]。然而，进入21世纪，美国同样陷入社会撕裂、政党极化的泥淖，它也就不再是一个独特的异类了。

（二）治理能力低下

通观人类社会的历史，"民主"从来都不必然意味着有效的治理，而现代西方国家的治理能力更是面临着严峻的挑战。法国社会学家阿兰·图海纳（Alain Touraine）就指出，不能把民主制度只说成是搞"自由选举""对民主制度的衡量，全看它有没有充分的能力提出社会的要求，并使社会的要求变得合乎情理"。在他看来，如果把民主政治界定为对社会的需求做出制度上的反应的能力，那么就必须承认，西方国家的民主正面临着

---

[1] Juan J. Linz, "The Perils of Presidentialism," *Journal of Democracy*, Vol. 1, No. 1, 1990, pp. 53–54.

倒退。① 桑德尔则感受到了西方自由民主制的许诺与其实践之间的张力。虽然当代自由主义的公共哲学描绘了一幅解放的图景，但是却不能保障它所许诺的自由，"尽管权利扩张了，尽管增长与分配正义的政治经济方针取得了很大成就，但让美国人感到受挫的是，他们对统治其生活的力量正在失去控制。不管是国内事务还是国外事务，都在急速发展变化，失去控制，而政府看来无力做出回应"②。

2015年，约翰·博伊克（John Boik）、洛伦佐·菲奥拉蒙蒂（Lorenzo Fioramonti）和加里·米兰特（Gary Milante）在《外交政策》发表文章《重启民主》。文中他们将政府形式比作电脑的操作系统，当前的民主政体就像早期的原始版本的Windows，既没有最佳的功能，也不便于用户的使用。虽然民主制度给人类带来了巨大的进步，但它们无法解决一系列复杂的现代问题，比如频频出现的国际金融危机、不断扩大的不平等、气候变化和各种形式的资源损耗。即便"最稳固的民主国家"——美国也没能提供好的公共产品，人们看到的是糟糕的基础设施状况，以及接近历史最低水平的国会支持率。那些新进民主国家尝试引进的民主版本则更加没有效率。萨达姆政权被推翻后被引进伊拉克的民主体系就和20世纪20年代英国托管时期试用的民主体系没有什么区别。美国对伊拉克的占领制造了民主的幻象，但是并没有多少实质的功能。而在2011年兴起的"阿拉伯之春"中掀起的所谓亲民主浪潮，也没有带来多少有效的国家治理体系。三位作者认为，民主在阿拉伯国家的失败并不是因为阿拉伯文化本质上和民主政体无法相容，而是因为这些国家对民主形式的注重多于对民主实质的关心，它们复制了一个民主的形象，而没有

---

① ［法］阿兰·图海纳：《我们能否共同生存？——既彼此平等又互有差异》，狄玉明、李平沤译，商务印书馆2003年版，第330页。
② ［美］迈克尔·桑德尔：《民主的不满》，曾纪茂译，江苏人民出版社2008年版，第343页。

引入一个真正需要的、运作良好、包容且负责任的决策体系。为了使民主能够符合治理现代社会的要求，有必要对民主制度进行一次"系统升级"。人们应当认识到，政治系统是决策系统，但社会决策并不局限于政治领域，经济体系同样要做出决策，因此也应当建立更加深入的民主机制，而且通过经济系统做出的决策有时比政治系统做出的决策对社会产生的影响更大。把民主仅仅限制在政治领域，将使民主制度无法应对现代复杂社会的治理挑战。①

在新冠疫情暴发之后，西方国家的治理短板得到了更加充分的暴露，也引起了更多西方学者的反思。② 在疫情初期，哈佛大学肯尼迪政府学院教授史蒂芬·沃尔特（Stephen Walt）就在文章中直称"美国竞争力已死"，他认为特朗普政府迟来的、以自我为中心的、杂乱无章的、盲目的应对措施将使美国损失数千亿美元，并让美国人承受本可以避免的数千个生命的死亡。③特朗普的执政方式，以及政府难以预测的反应浪费了公众的信心，使更加慎重的应对方式难以实现。沃尔特悲观地指出，特朗普政府在疫情期间糟糕的表现，将无可挽回地损害美国作为一个知道如何有效行事的国家的声誉。④ 经济学者达隆·阿西莫格（Daron Acemoglu）则指出，通过无情地攻击专业精神、独立性和技术官僚专业知识的准则，并将政治忠诚放在首位，

---

① John Boik, Lorenzo Fioramonti and Gary Milante, "Rebooting Democracy," March 16, 2015, https://foreignpolicy.com/2015/03/16/rebooting-democracy-participatory-reform-capitalism/.

② 刘天骄：《国家能力与全球治理的危机——西方知识界关于新冠疫情的评论》，《文化纵横》2020年第3期。

③ 该文发表于2020年3月，作者显然大大低估了美国在这场疫情中的损失。

④ Stephen Walt, "The Death of American Competence," March 23, 2020, https://foreignpolicy.com/2020/03/23/death-american-competence-reputation-coronavirus/.

特朗普削弱了联邦官僚机构，以至于整个国家暴露出极为薄弱的决策能力，就像一个"纸做的利维坦"（Paper Leviathan）。除批判特朗普的执政方式之外，阿西莫格还把反思的矛头指向了美国的民主制度本身。在他看来，要扭转特朗普对美国体制和联邦官僚机构造成的损害，首先就要放弃这样一个危险的神话：由开国元勋精心设计的宪法可以保护美国民主。宪法框架下的三权分立无法约束总统，公务员制度也遭到总统的攻击，因此需要社会对政治的参与，"仅仅在2020年11月选举新总统是不够的。这项艰巨的工作必须把公民社会和私营企业纳入其中，让它们和国家一道努力解决重大的体制和经济问题"[①]。

西方国家在应对疫情时的手足无措，使部分国外学者开始冷静、认真地思考中西不同的治理模式。葡萄牙政治学者布鲁诺·马尔斯（Bruno Mars）在《新冠病毒与文明冲突》一文中指出，过去，许多美国人坚信在文明竞争中自己将取得胜利，因为全球贸易和金融体系是根据西方的规则和原则建立的，但是新冠疫情为这个问题提供了不同的答案。作者强调，当代文明的冲突从来不是一场知识的战争，或思想的战争，最终的胜利者是那些掌握技术并能够对自然力实现更高水平控制的人。同时，冲突发生的背景不是固定的，甚至是不稳定的，从新技术的发展到气候变化和疫情等新威胁的出现，再到侵蚀现有体系的全球权力分配的变化，都标志着冲突将在诸多领域展开。在他看来，特朗普应对疫情的方式好似一场豪赌，他假设美国人在面对高风险时是与众不同的，他的计划是控制疫情，而非阻止疫情。这体现了一种根深蒂固的保守主义态度：放弃任何

[①] Daron Acemoglu, "The Coronavirus Exposed America's Authoritarian Turn," March 23, 2020, https://www.foreignaffairs.com/articles/2020-03-23/coronavirus-exposed-americas-authoritarian-turn.

改善社会的计划,也不会把社会看成一个提供安全和便利的庇护所,或一个"家"。马孔斯认为,这种治理模式在未来的竞争中很可能使美国处于不利的地位。①

英国学者马丁·雅克(Martin Jacques)则将英国在内的西方国家对新冠疫情的应对形容为一场"灾难性失败"。他认为西方国家的糟糕局面是由两个因素造成的,一是政府的治理能力,二是文化因素。从治理层面看,西方国家始终没有搞清楚什么是优先的选项,既缺乏消灭病毒的清晰战略目标,又在拯救生命和拯救经济之间犹豫不决。中国在这一点上则十分明确:拯救人民的生命是最优先的,做不到这一点,经济也就无法保全。不仅如此,中国和西方国家在文化上存在差异,在西方社会中,个人主义有深厚的文化土壤,并且愈演愈烈,人们更看重个体的自由、个人的权利。在美国,国家甚至被很多人视作敌人。在儒家文化地区,情况则正好相反。他认为这次危机将这些问题以一种更加清晰明了的形式暴露了出来,而且也影响了各国对待疫情的方式和后果。②

同时也有学者认为,民主和高质量行使权力的要求之间本身就存在张力。早在20世纪初,地缘政治学的创始人之一哈尔福德·麦金德(Halford John Mackinder)就在《民主的理想与现实:重建的政治学之研究》一书中描绘了两种人,一种是民主的理想主义者,他们拥有一颗能够飞翔的自由灵魂,他强调人的权利,把国家当作不能不要的"坏东西",万不得已才允许它存在,因为国家限制自由。但是,麦金德提醒读

---

① Bruno Maçães, "Coronavirus and the Clash of Civilization," March 10, 2020, https://www.hudson.org/research/15801-coronavirus-and-the-clash-of-civilizations.

② [英]马丁·雅克:《新冠引发"灾难性失败",西方何时才能"开眼看世界"?》,2021年10月1日,https://www.guancha.cn/MaDing-YaKe/2021_01_04_576658.shtml。

者，如果真的要让民主在人世间存活下来，仅仅有理想主义是不够的，捍卫民主必须依靠国家的力量，也就是说，必须依靠"组织者"，他们重视现实，强调效率和纪律，而这又显然会和理想主义者的原则形成冲突。① 卡尔·施米特则指出，自由主义民主制本质上是一种拒斥"决断"的制度，它就任何政治细节都要协商和谈判，"这是一种谨小慎微的半吊子手段，它期望那种生死攸关的纷争和决定性的殊死搏斗能够转化成议会辩论，并允许在永无休止的协商中把决断永远搁置起来"。这等于扼杀了国家主权，因为主权就意味着决断，意味着"没有商量"。② 奥地利学派的经济学家汉斯—赫尔曼·霍普（Hans-Hermann Hoppe）同样认为，民主和有效的统治是背道而驰的："如果必须要有一个国家，来作为对最终决断（管辖权）和税收实行强制垄断的机构，那么选择君主制而非民主制都是在经济和伦理上更为有利的。"③

对于这一点，萨托利也深以为然。根据他的观点，现代民主政体实际上是作为牵制、过滤和净化权力的一种手段而运作的。就其运转速度而论，民主政体的决策过程一定是相当缓慢而踌躇的，就其活动范围来说，民主政体就意味着一种受到一定限制的决策领域。所以，萨托利坦率地表明，如果我们想驯化权力，就不可避免地要付出代价并接受某种限制，"这代价就是因循守旧，经常性的优柔寡断，还有惊人的徒劳无功。这等于是说，如果我们要求民主政体提供一个进行合理的全面改革的强化过程，那未

---

① ［英］哈佛德·麦金德：《民主的理想与现实：重建的政治学之研究》，王鼎杰译，上海人民出版社 2016 年版，第 6—28 页。

② ［德］卡尔·施米特：《政治的神学》，刘宗坤等译，上海人民出版社 2014 年版，第 71 页。

③ Hans-Hermann Hoppe, *Democracy: The God That Failed: The Economics and Politics of Monarchy, Democracy and Natural Order*, New Brunswick: Transaction Publishers, 2007, p. xx.

免太过分了"①。萨托利进一步指出，民主的政治平等原则本身就已经预设了政治能力既不是民主制度的先决条件，也并不为它所需。他奉劝人们要在逻辑上一以贯之，认识到民主的限度："如果一种政治制度以人人都能根据天生的权利去处理政治事务这一假设为基础，那么它就必须遵守它的这个假设，从而承认某些界线是不可逾越的。坦率地说，这就意味着民主制度只要以缺乏专长为基础，它便不再能为开创某项历史工程的伟大政治提供基础了。"② 所以人们应当理性地降低预期，如果想要民主，那就满足于它所能提供的东西。但是，假如人们同时还企望一种事先就考虑得面面俱到的"理性社会"，那就只好求助于专家，"把我们自己托付给他们"，就像在做外科手术之时，我们只能把自己的生命交托给外科医生一样。

　　这种情况在现代社会中会变得更加明显，由于人类知识的全面进步，非专家和专家之间的知识鸿沟也会越来越大。换言之，无权的知识人（微小而多样化的专家群体）和全权的无知者（非专家的多数）之间将存在着越来越严重的不平衡。所以，除非人们能够容忍民主政体变成效率无比低下的政治形式，否则他们就必须克服这种不平等，亦即屈就一种"虽不受专家的统治，但要大量依赖专家知识的民主政体"。只有在领导阶层的任务相对简单的社会中，人民的权力才有可能接近最大值。但是现代社会和经济的机制变得越来越复杂，在这种情况下，专家的意见理应比他参加选举时所投的选票获得更大的影响力。萨托利认为，民主政体若要生存下去，就必须接受这一点。这是因为所有强求效率的组织都不是按照民主原则组织起来的，官僚机构如此、军事组织就更是如此。他赞同米歇尔斯的观点：

---

　　① ［美］乔·萨托利：《民主新论》，冯克利、阎克文译，东方出版社1998年版，第488页。
　　② ［美］乔·萨托利：《民主新论》，冯克利、阎克文译，东方出版社1998年版，第489页。

在民主制度的范围内运转的大多数组织都不具有民主的结构。①

（三）丧失民众信任

西方国家治理能力低下的后果，就是人民对政府乃至其所谓民主制度本身失去信任，而这种信任丧失则直接表现为选举投票率的降低。安东尼·阿伯拉斯特（Anthony Arblaster）认为，这种现象值得人们注意和警惕，因为它说明民主政体的合法性出现了问题："一个被视为没有效率或者没有力量的政府会失去公众的尊重和信心，也将为它的颠覆或崩溃做好了准备。"阿伯拉斯特观察到，选举参与率在美国和英国都出现了显著的下降，"在不列颠，自从1928年引进成年普选权以来，2001年大选中投票率首次低于60%。政治家倾向于把这现象归因于'投票者冷漠'，为此他们自然难过。但这不妨可以说反映了这样一种广泛的信念，即'投票改变不了任何事情'，以及政府的变化是不重要的，因为真实权力存在于政府控制之外。因而，这将要花费更多的劝告来扭转这种趋势"②。正是因为人们发现，通过投票选举出来的政治家和政府无法有效回应他们的关切和诉求，其才会用放弃投票这样一种消极的方式来表达自己的不满。

亨廷顿也在美国观察到了类似的现象。他发现，20世纪50年代末期，大约3/4的美国人认为，政府的主要目的是为大众谋福利，只有17%的人认为，政府是为了顺应大型利益集团的要求。但到了1972年下半年，就只有38%的人认为政府是"为所有人谋利益"，而53%的大多数人则认为政府是"由少数大

---

① ［美］乔·萨托利：《民主新论》，冯克利、阎克文译，东方出版社1998年版，第490页。
② ［英］安东尼·阿伯拉斯特：《民主》，孙荣飞等译，吉林人民出版社2005年版，第143—144页。

型利益集团操纵而为自己谋利"。1959年,当问到他们对自己国家最感到骄傲的是什么时,85%的美国人提到自己国家的"政治制度",而到了1973年,美国相关的抽样调查中有66%的人表示他们不满意国家的管理方式。以同样的调查方式发现,1958年,71%的人认为他们"总是"或"绝大多数时间"都相信华盛顿政府的所作所为是正确的,而只有23%的人说他们对政府"有时"信任或"从来"不信任。可是到了1972年年末,总是或绝大多数时间信任政府行为的人数比例下降到52%,而"有时"信任或"从来"都不信任的人数比例则上升到了45%。

亨廷顿认为,美国这一时期之所以会出现对政府和民主制度信任度显著下降的情况,主要有两个原因,一是美国社会在20世纪60年代经历了平权运动、反越战等激烈的社会运动,导致政治舆论两极化的增强;二是这一时期美国民众的政治效能感出现了急剧下滑。比如1966年,只有37%的人认为自己的想法"不具有任何价值",而1973年,实际上已有61%的人相信这一点。1960年,42%的美国公众在由密歇根州立大学调查中心所做的政治效能指数上得了"高分",只有28%的人得了"低分",而到了1968年,分布状况发生了明显改变,38%的人得了"高分",却有44%的人得了"低分"。这意味着,"政治效能感的这种衰落,与同时发生的公众对政府信心和信赖程度下降这种状况相互吻合"。①

欧洲大学学院荣誉教授菲利普·C. 施密特(Philippe C. Schmitter)的文章《关于民主的十五个发现》中指出,"现实存在的民主使得潜在的受益者和学术界很失望"。首先,在1974年实现了"民主化"的那些国家中,人们已经普遍对民主的实践和结果不再抱有幻想。分析家竞相寻找一些最具有否定色彩

---

① [法]米歇尔·克罗齐、[美]塞缪尔·亨廷顿、[日]绵贯让治:《民主的危机》,马殿军等译,求实出版社1989年版,第70—74页。

的形容词加在"民主"的前面,譬如"有缺陷的""偏袒的""虚假的""丧失合法性的"等。大众普遍认为在过去的25年中,大多数政权更迭的结果是产生了一个更加糟糕的政权,它与为了它的建立而付出的努力和牺牲并不相称。在几乎所有的西方国家中,选民减少了。而在联盟关系、政治家的声望、国会的重要性、对政党认同的深度、选举优先权的稳定性、对公共组织的信任水平等方面,也发生了同样的情况。与此同时,对公权力机关的诉讼、对腐败的控告和定罪、民粹主义、反对党的候选资格等都增加了。作者认为,"虽然把这种现象称作是民主合法性的全面危机有些夸张,但这些普遍存在的现象揭示了民主制度和实践存在着缺陷。当今现实存在的民主社会面临着来自多方面的批评,它远远没有达到理想的境界"[①]。

当前,西方国家政府和民主制度的信任状况依然不容乐观。亚当·普沃斯基指出,各种各样的抽样调查都显示,民主在西方社会中正在失去支持和信任——许多年轻人认为"生活在民主国家"不是那么重要,26个欧盟国家对民主的平均支持率下降了7.2%,美国民众自1994—1998年以来对民主的认可程度也出现了显著的下降趋势。[②] 2021年3月,皮尤研究中心发布的报告显示,持续的公共卫生危机和严峻的经济挑战令西方国家的许多人对政治感到失望,大量美国和西欧国家的公民认为他们的政治体制亟须进行大规模的改革。皮尤研究中心通过2020年11—12月进行的调查发现,法国和美国约2/3的成年人以及英国约一半的成年人认为他们的政治制度需要进行重大变革或彻底的改革。报告指出,这些国家的人民对本国的政治制度所感受到的挫折感与他们对政治精英的看法有关。在美国,

---

[①] [美]菲利普·C.施密特:《关于民主的十五个发现》,吴克峰、吴宇攀译,《国外理论动态》2012年第12期。

[②] [美]亚当·普沃斯基:《民主的危机》,周建勇译,上海人民出版社2022年版,第89页。

人们对政治腐败的担忧尤其普遍，2/3 的美国人都同意"大部分政客都腐败"，而近一半的法国和英国人也这样认为，受访者中的年轻人尤其相信政客的腐败。在美国、法国和英国这三个国家中，分别只有 54%、55% 和 55% 的成年人信任政府，只有不到一半（45%）的美国人对他们国家的民主运作方式感到满意，并且有一半或一半以上的人表示，民选官员不在乎普通人的想法。与此同时，报告也表明，对政府的信任程度与民众对国家治理水平的认知有密切的关系，那些认为自己国家在应对新冠疫情方面做得很好的人，以及认为国民经济状况良好的人更倾向于对政府表示更高的信任。①

（四）小结

民主需要强大、负责、透明的治理体制，这个体制包括负责任的执行机构、有效的立法机构、独立公正的司法机构、开放高效的公共行政机构，以及知情的、能够积极参与公共事务的民众。② 然而，仅仅依靠"民主"的程序和政体形式并不能实现这一切，也不能保障人民的信任以及制度的合法性。对一个现代国家而言，最紧要的任务或许并不是满足民主的种种外在"指标"，而是达成"善治"，并且建立一个能够回应人民需求、保障最广大人民根本利益的政府。如果人们既要坚持民主，又要建立一个廉洁、负责且具有治理能力的政府，那么，他们就应当首先认识到，民主和有效治理的要求并不必然联系在一起。要实现善治，就不得不对民主制度中那些可能妨碍有效治理的要素进行限制，譬如要防止国家权力的过于分散和彼此掣

---

① 资料来源：https：//www.pewresearch.org/global/2021/03/31/many-in-us-western-europe-say-their-political-system-needs-major-reform/。

② 联合国：《秘书长关于民主的指导说明》（2009 年），https：//www.un.org/en/pdfs/FINAL%20Guidance%20Note%20on%20Democracy.pdf。

肘，避免为了迎合部分选民喜好而制定过于短视的政策等。坚持以人民为中心，坚持人民至上，保障最广大人民的根本利益，这才是"民主"的应有之义。如果缺乏有效的领导和良好的社会治理，那么形式上的民主带来的只会是无穷无尽的扯皮和内耗，最终受损的仍然是人民的利益。

从某种意义上说，西式的民主和分权制度已经成为实现善治的障碍，它阻止政府各部门在面对危机时通力合作、共克时艰，也使得政府无法对国家进行有力的领导，无法制定并实施着眼于长远和全局的公共政策。在面对新冠疫情这一公共卫生危机时，西方国家的糟糕表现足以说明，它们所采用的民主制度已经难以应对一个复杂的现代国家在21世纪可能面临的挑战，也难以解决本国当下正遭遇的政治、经济、社会问题。布鲁金斯学会2022年发布的报告认为，曾经引以为荣的美国民主制度正面临系统性危机，而这一危机对其国内政治、经济、社会的影响已从局部走向整体，将对资本主义的合法性和未来发展带来严重危害。不仅美国，西方的民主赤字令民众深感不满和失望，不信任感不仅指向当政者，甚至指向了民主制度本身。可以想见，倘若西方各国仍然无法认识到症结所在，不进行"刮骨疗毒"的改革，那么沉疴难愈的西式民主只会在危机的泥淖中愈陷愈深，再无回天之力。

六 西方民主输出的霸权逻辑

无论在理论层面还是实践层面，民主都称不上一种完美的制度。但在一些人那里，民主还是被奉为一种至上价值，民主制度被视为解决各种社会问题的"万能药方"，甚至成为判别正义和邪恶的绝对标准。自以为掌握民主"教义"的政客将任何不符合西方模式的民主制度都划为"异端"。法国大革命时期，当罗兰夫人被雅各宾派送上断头台时，她在临刑前留下了一句为后人所熟知的名言："自由，多少罪恶假汝之名以行！"今天，我们或许可以将这句话稍作改动，将"自由"替换为"民主"——"民主，多少罪恶假汝之名以行！"

我们这样说并非要否认民主本身的价值。我们所要批判的，是一些西方国家假"民主"之名行霸权主义之实的行径。这些国家丝毫不尊重其他国家人民自主选择政治制度的权利，并且将民主当成干涉他国内政、颠覆他国政权的工具。这一点不但让不少非西方国家深受其害，即便在西方社会内部，也引起了一些有识之士的反思。本章将主要分析西方民主输出的霸权本质及其造成的恶劣影响，并考察国外学者的相关思考。

（一）霸权本质

道格拉斯·拉米斯（C. Douglas Lummis）认为，早在古希腊、古罗马的时代，民主共和政体的维持和发展就依托于侵略扩张的"帝国主义"政策。① 然而，与古代民主帝国的区别在于，现代民主帝国为自己的扩张和统治披上了一件普世价值的道德外衣。拿破仑——这位法兰西帝国的皇帝就曾打着共和主义的普世大旗，剥夺其他国家的主权，试图征服欧洲。只不过如今法兰西第一帝国的角色已经被美利坚合众国所代替，后者不仅多次高举自由、民主、人权的普世大旗，悍然入侵伊拉克等主权国家，在格鲁吉亚、乌克兰、突尼斯、埃及等国策划"颜色革命"，而且还利用美国国家民主基金会（NED）等组织开展反华项目，资助中国境内外的分裂势力，企图煽动"疆独""港独""藏独"等。当年，德国哲学家黑格尔把拿破仑称为"马背上的世界精神"，大约180年后，福山又模仿黑格尔的历史哲学观念，提出了"历史终结论"，认为人类历史已经终结于以美国政治体制为代表的西方自由民主制。尽管我们看到福山今天对美国民主的现状多有不满和批判，但他并没有放弃他在1989年做出的基本判断——西方的自由民主制乃是人类所能实现的最佳政体，它既是历史的"终结"，也是历史的"目的"。

为什么民主的价值观念成为大国推行霸权的工具？这其中的矛盾是如此显而易见，就连曾经深入参与美国外交事务、大名鼎鼎的国际问题专家亨利·基辛格（Henry Alfred Kissinger）也对此直言不讳。在《世界秩序》一书中，基辛格这样形容美国的秩序观念：

> 在塑造当代世界秩序方面，没有哪个国家像美国一样发挥了如此决定性的作用，也没有哪个国家参与世界秩序的态度令人如此难以参透。美国笃信自己的道路将塑造人类的命运，然而历史上，它在世界秩序问题上却扮演了矛

---

① ［美］道格拉斯·拉米斯：《激进民主》，刘元琪译，中国人民大学出版社2008年版，第104—117页。

盾的角色：它以"天定命运"之名在整个美洲大陆扩张，却宣称绝无帝国企图；对重大事件发挥着决定性影响，却矢口否认有国家利益的动机；最终成为超级大国，却声言无意施行强权政治。美国外交政策表明，美国深信自己国内的原则放之四海而皆准，实施这些原则对他国有益无害。美国的对外交往不是传统意义上的外交政策，而是传播价值观的工程。它认为其他所有民族都渴望照搬美国的价值观。①

在点明美国霸权主义外交政策和自由民主价值观之间的矛盾之后，基辛格又紧接着指出了美国自由民主原则内在的不协调："美国拥有开放文化和民主原则，千百万人将它奉为楷模，希望能够栖身于此。与此同时，美国坚信自己的原则具有普世性，这给国际体系带来了挑战，因为它暗示不实行民主原则的政府就不是完全合法的政府……在美国看来，世界绝大部分地方都生活在不尽如人意的暂时性安排之下，终有一天会得到救赎。同时，他们与美国这个世界最强大的国家之间的关系肯定也含有潜在的敌意。"②

问题在于，我们应该如何理解这一矛盾？难道它只是代表了西方所谓现实主义和理想主义两大思想传统的对立？据说西方的现实主义者遵循马基雅维利之道，认为国际政治同一切政治一样，归根到底都是为了权力和利益而斗争，而这一切都与道德无关；③ 而理想主义者则相信应当把一种基于启蒙

---

① ［美］亨利·基辛格：《世界秩序》，胡利平、林华、曹爱菊译，中信出版社 2015 年版，第 305 页。
② ［美］亨利·基辛格：《世界秩序》，胡利平、林华、曹爱菊译，中信出版社 2015 年版，第 306 页。
③ ［美］汉斯·摩根索：《国家间政治：权力斗争与和平》，徐昕、郝望、李保平译，北京大学出版社 2006 年版，第 27—41 页。

理想的道德原则作为处理国际事务的准则，最终的目标是建立一套以道德为基础的、永久和平的国际秩序。在基辛格看来，美国历史上两位著名的总统西奥多·罗斯福和伍德罗·威尔逊就分别代表了这两种"相反的理念"："老罗斯福总统是分析均势的老手，他坚持美国参与国际事务是基于国家利益需要，而且没有美国参与的全球均势对他而言简直无法想象。"而在威尔逊看来，"美国是基于弥赛亚式的理由扮演国际角色：美国的义务不是维持均势，而是向全世界传播美国的原则"。①

可是，他们的做派真的截然不同么？首先，在威尔逊执政后，西奥多·罗斯福并不反对他的普世民主道德主义，反倒凭此道德标准认为"威尔逊的表现过于胆怯"，没有让"美国站在正义和公正一边，反对普鲁士的独裁政权"。而当1919年巴黎和会上的西方列强无理地将德国在山东的特权转交给日本时，信奉"民族自决"原则的威尔逊却采取了典型的现实主义对策，向日本的强权政治要求妥协了。威尔逊的"背叛"也深深震撼了当时中国的一批知识分子，他们曾经深信威尔逊理想主义的"十四点原则"，将美国视为西方列强中的一股清流，甚至还有人将威尔逊称作"世界上第一个好人"。但巴黎和会上威尔逊的表现却让这群深信美国能在国际社会中主持正义的中国知识分子心灰意冷。②

由此可见，普世民主的理想与霸权主义的现实之间的矛盾只是一种表象，毕竟谁都不会认为美国在全球策划颠覆民选左翼政权，并扶持皮诺切特、马科斯、李承晚、杜瓦利埃等人时，

---

① ［美］亨利·基辛格：《大外交》，顾淑馨、林添贵译，海南出版社1997年版，第13页。
② 有关美国行为中"理想主义"和"现实主义"之间的"矛盾"，详见刘小枫《波士顿的长电邮——美利坚的政治成长与普遍历史》，三联书店（香港）有限公司2022年版，第43—102页。

是在为自由民主的价值考虑。那么真正重要的问题就在于：为什么自由、民主、人权的原则能够被西方国家（尤其是美国）当成推行霸权主义、谋求本国利益的有力工具，甚至为后者的对外扩张提供动力？西式自由民主原则和霸权主义逻辑之间到底存在着怎样的内在勾连？

1630年，在驶往美洲大陆的"阿贝拉"号上，新英格兰的清教移民组织者、后来的马萨诸塞湾殖民地的首任总督约翰·温斯罗普（John Winthrop）向众人宣告："我们必须认识到，我们将成为山巅之城，众人的眼光都会落在我们身上。"① "山巅之城"（City upon a Hill）这一著名的意象由此而来，仿佛从一开始就在向世人传递一个信号——这群北美新大陆的开拓者是上帝的选民，必将承担起独一无二的使命，成为全人类的标杆。美国人对自己民族无与伦比的优越感就凝结在"山巅之城"这样一个符号之上，他们相信自己是人类诸民族中的"例外"。这种政治观念则深深扎根于基督教（新教）的文化土壤之中。萨克凡·伯克维奇（Sacvan Bercovitch）指出，美国宣布自己是代表未来的民族，这一宣称背后"包含着始于新英格兰清教的一系列象征性的自我界定"，而这种自我界定和宗教性的比附则最终构成了美国式的神话和民族认同。② 美国的国家认同和价值观念带有一种宗教信仰的性质，更具体地说，是由基督教新教传统塑造而成，因此它也就带上了基督教式的"一神论"和"普世化"色彩。

美国前总统尼克松在《六次危机》中这样写道：

> 我们不能，而且永远不会将我们的生活方式强加于别

---

① George McKenna, *The Puritan Origins of American Patriotism*, New Haven and London: Yale University Press, 2007, pp. 18 – 19.

② ［美］萨克凡·伯克维奇：《惯于赞同：美国象征建构的转化》，钱满素等译，上海译文出版社2006年版，第1—2页。

人。但是我们的基本信仰,是每个民族都有的独立的权利,个人自由和人权乃至于宗教信仰,而且由于它们为上帝所赋予,就不能被他人所剥夺,这种基本信仰一定要传给新的一代。而且要将我们的信仰同一种十字军般的热忱(a crusading zeal)结合起来,不仅是保住自己,而且去改造世界——包括共产主义世界。①

经过之前的铺垫,我们一眼就能看出尼克松表述的撕裂和矛盾:明明前一句还说永远不会将自己的生活方式强加给别人,尊重每个民族独立的权利。但紧接着就宣称要用一种"十字军"式的热忱来推行自己的信仰,并且改造世界。但是我们也明白,这种"撕裂"只是假象。尤其结合这里的"十字军"符号,就更能理解,尼克松其实在用一种基督教的逻辑来弥合两种立场在表面上的矛盾。11—13世纪,那些参与"十字军东征"的欧洲基督徒宣扬的虽然是"神爱世人"的伦理,但实则是用武力将自己的生活方式和价值观强加给其他文明的"异教徒",而这样做的目的恰恰是在全世界传播上帝的福音。

基督教式的思维在美国的对外政策中得到了充分体现,传统的美国外交理念往往带有极强的道德色彩,在考虑国家利益的同时,总是赋予美国的外交政策以道德含义:"这种价值观往往促使美国在看待其余国家时,总是戴着摩尼教式的'黑白分明'眼镜:每个国家非友即敌,不合美国价值观念的国家不仅是敌人,还是不可饶恕的、邪恶的敌人;美国与它们——比如与共产党国家——的斗争是善与恶的较量,没有妥协的余地。"②

---

① [美]尼克松:《六次危机》,黄兴译,世界知识出版社1999年版,第96页;刘小枫:《波士顿的长电邮——美利坚的政治成长与普遍历史》,三联书店(香港)有限公司2022年版,第2—5页。

② 吕磊:《美国的新保守主义》,江苏人民出版社2003年版,第120—121页。

美国著名的保守派外交学者沃尔特·拉塞尔·米德（Walter Russell Mead）则认为："三百余年来，英国人，接着是美国人将他们反抗法国、德国、日本和俄国等国的战争看作是良善与邪恶、自由与奴役之间的战役。"① 小布什时期美国的国家安全策略明确宣称："20 世纪自由和极权主义之间的伟大战争，是以自由力量的决定性胜利而告终的，并昭示了可维持的国家成功模式的唯一选择：那就是自由、民主和自由企业。"对此，乔治·索罗斯评论道："布什政府的霸权主义意识形态是与开放社会的原则相矛盾的，因为它宣称拥有终极真理。这种意识形态认定：因为美国比其他国家强大，所以美国必然掌握真理，同时正义必然在美国一边。这一点体现了宗教原教旨主义与市场原教旨主义殊途同归之处，并且直接导致了美国的霸权主义意识形态的产生。"② 而在罗伯托·西尔文特（Roberto Sirvent）和丹尼·哈方（Danny Haiphong）看来，正是这种认定美国代表"昭昭天命"（Manifest Destiny）的"美国例外主义"观念使得美国在面对外部仇恨和袭击时，不去探究美国外交政策当中可能诱发此类袭击的根源，而是将任何被推定为"仇恨"美国生活方式的人或事都界定为敌人，"而那些'仇恨'美国生活方式的人没有什么权利是美利坚民族国家有义务予以尊重的"。③

总而言之，正是这种宗教排他性和普世情绪使得美国的当

---

① ［美］沃尔特·拉塞尔·米德：《上帝与黄金：英国、美国与现代世界的形成》，涂怡超、罗怡清译，社会科学文献出版社 2014 年版，第 15 页。
② ［美］乔治·索罗斯：《美国的霸权泡沫：纠正对美国权力的滥用》，燕清等译，商务印书馆 2004 年版，第 16—17 页。
③ ［美］罗伯托·西尔文特、丹尼·哈方：《双标帝国：从独立战争到反恐战争》，魏磊杰、郭宪功译，当代世界出版社 2022 年版，第 24—25 页。

权者认为自己的制度具有超越历史、民族和文化传统的普遍价值，也使美国以及其他受基督教传统影响的西方国家，以拯救者的心态，迫使其他国家选择自由民主制度。因此，国内有学者将这种观念称为"美国式的帝国主义"和"牧师原则"相混合的思维方式——在把自己的价值和制度强加给其他社会的同时，也在一定程度上让自身获得了宗教意义上的道德满足。①

或许有人会问：无论如何，美国等西方国家直接强制推销的并非基督教的教义，而是自由民主的政体原则。现代自由民主原则的源头是欧洲的启蒙运动，而启蒙运动高扬"理性"的大旗，所抨击的首要对象就是基于"启示"的基督教教义。既然如此，怎么能把现代西方国家推行自由民主的霸权行为与他们的基督教文明传统挂钩？而且，为什么像康德这样的启蒙哲学家，也会在《论永久和平》中无比独断地表示，只有"共和制"才是唯一合法的政体，而除此以外的一切政体（包括直接民主制在内）都是一种丑陋的"怪物"？② 况且，西方国家并不只有美国，欧洲的一些更为世俗化的国家同样在全世界输出自由民主。即便在美国内部，如今也只有相对保守的共和党会旗帜鲜明地宣扬自己的基督教立场，相比之下，民主党意识形态的宗教色彩则相当淡薄。那么，为何这些经过启蒙运动洗礼、而且高度世俗化的国家（或政党）仍然会用霸权手段向其他国家输出自由民主？

要回应上述质疑，我们首先要厘清一个问题——启蒙运动真的是对基督教传统的彻底背离么？德国哲学家卡尔·洛维特（Karl Löwith）就曾指出，来源于启蒙运动的一切现代历史哲学都"毫无例外地依赖于神学，即依赖于把历史看作救赎历史

---

① 张宇燕、高程：《美国行为的根源》，中国社会科学出版社 2015 年版。

② ［德］康德：《康德政治哲学文集》（注释版），李秋零译，中国人民大学出版社 2016 年版，第 217—254 页。

(Heilsgeschehen）的神学解释"。流行的观点认为，由于从奥古斯丁到波舒埃的历史哲学提供的都不是关于"现实的"历史的科学理论，而是一种建立在启示和信仰基础之上的独断历史学说，所以，他们就做出了错误的结论，即神学的历史注解。在这种观点看来，西方思想的一千四百年，在哲学和历史学上都是无关紧要的，真正的历史思想只是从18世纪才开始的。但洛维特却表明，这种说法实在是一种误解，而事实却是"现代的历史哲学源自《圣经》中对某种行为的信仰，终结于末世论（eschatologischen）典范的世俗化"。①

西方国家的民主霸权和他们的历史哲学有何关联？其中的关系就在于，原本现代自由、民主价值的根基其实是一种有关"历史进步"的信念。自然科学的发展虽然破除了基督教历史神学中对于救赎历史的终末论信仰，但是却用一种关于"历史进步"的信仰取而代之。基督教的终末论超世历史观被改写成进步论现世历史观。西方所谓的"自由民主"变成了新的"福音"，他们认为人类社会进步的过程就是自由民主从西方向全世界扩张、最终取得胜利的普遍历史进程，它取代"上帝"，为全人类带来最终的救赎，而宣布历史"终结"的福山等现代知识分子则化身为自由民主之神的"先知"或"传道士"。在这个意义上，对自由民主的认同基础就不再是"理性"，而更接近对宗教的"信仰"。正如洛伦·J. 萨蒙斯二世（Loren J. Samons Ⅱ）所说，美国虽然实行"政教分离"，但实际上，民主和多元主义已经成为美国唯一的、不可质疑的"宗教"。② 在这些国

---

① ［德］卡尔·洛维特：《世界历史与救赎历史：历史哲学的神学前提》，李秋零、田薇译，生活·读书·新知三联书店2002年版，第4—5页。

② Loren J. Samons Ⅱ, *What's Wrong with Democracy? From Athenian Practice to American Worship*, Berkeley and Los Angeles: University of California Press, p. 186.

家，一旦自由民主变成具有宗教性质的意识形态，其后果便是无法容纳除自由民主之外的其他政治价值，甚至不同于西式民主的其他民主模式都会变成必须被铲除的"异端"——为了实现西式民主的普世胜利，需要其他国家的改宗和皈依，为了实现这个目标，宣传、外交、颠覆，甚至直接使用武力都是被允许的。而这种以他们自己所谓的自由、民主、人权的名义向其他国家发动的战争，无非就是现代的"十字军东征"。

（二）水土不服

虽然以美国为代表的西方国家宣称他们的民主模式具有普世价值的适用性，采用武装侵略、和平演变等方式输出民主，也有一些国家主动仿照西方的模板进行了民主化改革，但那些被"输入"的国家并不是总能成功地复制西式的民主制度。即便他们将这套制度原封不动地照搬过来，也难以让民主在本国落地生根，巩固维持，并实现善治。远到始于20世纪70年代的"第三波民主化浪潮"，近到21世纪初的"阿拉伯之春"，在这些运动中实现民主"转型"的许多非西方国家，如今仍然承受着漫长的"阵痛"和持续的乱象。

1974年，葡萄牙发生"康乃馨革命"，推翻独裁统治，建立起了以竞争性选举为核心的代议制民主制度。此后，这一民主化浪潮波及了希腊、西班牙、厄瓜多尔、秘鲁、阿根廷、韩国、苏联、墨西哥等国家，它们都纷纷引入了西式的民主政体——亨廷顿称之为"第三波民主化浪潮"[1]，这对全世界产生了广泛、深远的影响。在出版于1991年的《第三波：20世纪后期的民主化浪潮》中，亨廷顿如此形容道："总体来看，追求民

---

[1] ［美］塞缪尔·P. 亨廷顿：《第三波：20世纪后期的民主化浪潮》，欧阳景根译，中国人民大学出版社2012年版，第271—273页。

主的运动变成了一项全球性的运动。在15年中,民主浪潮越过南欧,席卷拉美,横扫亚洲,冲垮了苏联集团的专制政权。1974年,南美国家中十有八九是非民主政府,而到了1990年,则十有八九通过民主方式选举产生了政府。据自由之家估计,1973年,世界上有32%的人口生活在自由国家;1976年,因为印度实行紧急状态,这一数字下降到不足20%。到1990年,相比之下,有接近39%的人类生活在自由社会。"①

但是,亨廷顿并没有一味地对"第三波民主化浪潮"的成就欢欣鼓舞,而是冷静地揭示了这些新兴的民主化国家同样面临着严峻的挑战和并不乐观的前景。叛乱、族群/部落冲突、极端贫困、社会经济的严重不平等、长期通货膨胀、高额外债、恐怖主义等问题在这些国家依然十分严重。成功地应对这些问题对于培育和巩固民主制度的合法性而言至关重要,但是,"民主化"并不是一剂万灵药,能够把所有的问题都解决了。亨廷顿提醒人们要客观地看待民主化,做好面对糟糕结局的心理准备:"在有些情况下,新兴民主政权可以成功处理个别问题。但在绝大多数情况下,看来极为可能的是,第三波民主政权将不能有效地解决这些问题,而且在应对这些问题时,他们将极有可能和自己的前任威权统治者一样难毕其功。叛乱、通货膨胀、贫困、债务、不平等以及臃肿的官僚机构这些问题,会和几十年前的情况一样或多或少地继续存在。"那些没能解决、而且看似无法解决的背景性问题,加强了新兴民主国家幻想破灭的趋势。在大多数国家中,为建立民主制度而进行的斗争被看作是符合道义、危险重重、至关重要的,然而,民主制度之中的政治斗争却被人们看成是不合道义、索然无味和琐碎不堪的,"民主制度的运行和新兴民主政府在解决这些社会特定问题上的失

---

① [美]塞缪尔·P. 亨廷顿:《第三波:20世纪后期的民主化浪潮》,欧阳景根译,中国人民大学出版社2012年版,第19—20页。

败，使人们倍感挫折、心灰意冷和幻想破灭"。①

　　亨廷顿观察到，在西班牙、葡萄牙、阿根廷、乌拉圭、巴西、秘鲁、土耳其、巴基斯坦、菲律宾和大多数东欧国家，其政府上台后不久，对民主制度的失望情绪就在这些国家中广泛蔓延开来。革命胜利和民主化带来的喜悦和热情逐渐退去，那些曾经困扰国家和社会的沉疴痼疾依然存在。在第一届民主政府执掌权力后的几年中，当初推动了民主转型的民主联盟往往会开始瓦解，政府领袖的治理效率也逐渐下滑，人们逐渐意识到："民主的降临本身并不能带来解决该国所面临的重大经济与社会问题的办法。问题难以解决，民主过程诸多限制，政治首脑各种缺点——这些都在一时蔚然成风。"② 新兴民主国家的领袖常常被视作傲慢、无能或腐化之人，甚至集三者于一身。

　　在亨廷顿看来，这就为新兴的民主政权提出了"生存能力"的问题：这些民主政权将会巩固还是崩溃？而到 2008 年拉里·戴蒙德（Larry Diamond）出版《民主的精神》之时，他已经注意到，昔日民主的繁盛让位给了民主的衰落。在戴蒙德看来，民主衰落的开端以 1999 年巴基斯坦的军事政变为标志，这次政变意味着许多新兴的民主政体无法发挥良好效果，比如推动经济发展、社会稳定和有效的治理。从那以后，"民主"在俄罗斯、委内瑞拉、尼日利亚和泰国等国家都遭受了挫折；而在菲律宾、孟加拉国，民主的品质则发生了严重的恶化。

　　戴蒙德观察到了一种令人担心的发展形势，许多新生民主国家的表现非常糟糕，而且实际上是非常"不自由"的。在这些国家当中，虽然确实有竞争性的选举，而且也有权力的轮替。但是对于很多人来说，民主则是一种肤浅得甚至看不到的表象。

---

① ［美］塞缪尔·P. 亨廷顿：《第三波：20 世纪后期的民主化浪潮》，欧阳景根译，中国人民大学出版社 2012 年版，第 241—242 页。
② ［美］塞缪尔·P. 亨廷顿：《第三波：20 世纪后期的民主化浪潮》，欧阳景根译，中国人民大学出版社 2012 年版，第 242 页。

大多数公民实际经历的是五花八门的治理问题：滥用权力的警察队伍、处于支配地位的地方寡头、无能且漠不关心的政府官僚、腐败且没有利用价值的司法机构，以及蔑视法治且只对自己负责的腐败的执政精英。于是，人民——尤其是处于社会底层的占多数的民众——只是有名无实的公民。他们缺乏开放、有效的发声渠道，选举虽然存在，但是它所服务的实际上是腐败的恩主——附庸型政党间的竞争。议会和地方政府尽管也存在，然而它们并不代表广泛的选民群体，也不回应他们的需求。宪法也存在，可是却没有对宪法原则与权力制约机制的认可。形式意义上的民主同样存在，不过人民却依然不享有政治自由。最后的结果就是，公众对"民主"普遍持怀疑态度，甚至是愤世嫉俗的失望态度。因此戴蒙德强调，民主结构要想存续而且值得存续下去，它们就不能仅仅是一个空壳，而必须具有实质内容、良好的品格以及实际意义。它们必须逐渐听从人民的声音、接纳他们的参与、容忍他们的抗议、保护他们的自由，并回应他们的需要。如果民主体制没能在控制犯罪与腐败、实现经济增长、缓和经济不平等和保障正义与自由方面起到更好的作用，那么人们迟早会失去信心。[①]

2010年年底，西亚北非政治动荡爆发。在这场运动的早期，曾有不少人将它视为"第四波民主化浪潮"。盲目的民主化没有为这些国家带来自由和繁荣，反而造成了混乱、分裂乃至战争。从阿拉伯国家的民主化历程中，我们更加能够看清不顾一国国情强行嫁接西式民主模式的后果。阿拉伯国家的特殊性在于，其传统社会结构中的宗族、教派和部落因素制约着国家的现代化进程。一个集中的表现，就是部落忠诚和国家忠诚之间的深刻对立，国家认同淡薄，政治分裂和社会碎片化十分严重。

[①] [美]拉里·戴蒙德：《民主的精神》，张大军译，群言出版社2013年版，第345—348页。

埃及穆巴拉克政权于西亚北非政治动荡中倒台之后，穆斯林兄弟会下属的自由与正义党主席穆罕默德·穆尔西通过民主选举当选为埃及第五任总统。但是，穆斯林兄弟会（简称"穆兄会"）在掌权之后就不断在政府内部加强自身的势力，并且推行偏离世俗主义的治国路线。2011年11月，由穆兄会和其他伊斯兰主义力量主导的制宪委员会通过宪法草案，规定伊斯兰教法原则为国家主要的立法源泉，并举行全民公投通过宪法。这一举动导致穆兄会与世俗势力彻底决裂。2013年7月，埃及军方发动政变推翻穆尔西政权，随后取缔穆兄会的合法性，甚至将其定性为恐怖组织。2014年6月，军方领袖阿卜杜勒·法塔赫·塞西以96.91%的得票率战胜对手成为埃及总统，任职至今。穆兄会将伊斯兰教法作为国家法律基础的做法固然违背了现代民主的原则，但是埃及军方通过政变的方式夺权干政，甚至废黜民选总统的做法同样是对民主制度的极大破坏。[1]

长久以来的教派、族群纷争是导致西式民主在阿拉伯国家难以落地的重要原因。如果说曾经的"威权"统治尚且能够将阿拉伯世界复杂的教派和族群争端控制在一定限度之内，那么伴随"阿拉伯之春"的民主革命则打破了该地区各国原本的政治认同和身份建构，使原本就存在的各个层面的矛盾更加激化。结果，巴林的民主化进程因教派冲突而夭折；叙利亚的教派冲突集中爆发，使该国陷入了残酷内战；利比亚、也门等国仍在战乱和动荡中苦苦挣扎。不仅如此，中东地区的混乱局面甚至给极端组织"伊斯兰国"（ISIS）提供了发展壮大的土壤。在诸多受"阿拉伯之春"影响的国家中，突尼斯被视为唯一成功实现民主化转型的案例。但实际上，突尼斯的实际情况仍然堪忧，

---

[1] 刘中民：《对"阿拉伯之春"与中东民主化若干问题的思考》，《国际政治研究》2021年第11期。

据统计，2010—2019 年，突尼斯 GDP 下降 12%，人均收入下降 18%，年龄在 24—39 岁的年轻人失业率居高不下。民调机构盖洛普则显示，64% 突尼斯人不信任本国政府，79% 受访者认为当前政府比本·阿里时期更加腐败，76% 的受访者认为难以找到工作。① 总而言之，21 世纪以来，西式民主不但没能给阿拉伯世界送来自由、和平、繁荣与稳定，相反，它带来的是一个惨痛的教训——机械地照搬西方民主模式，不但无法解决政治民主化的问题，反而会导致一系列严重的政治后果。

（三）输出恶果

然而，西式民主为世界其他国家带来的负面效应绝非只是"水土不服"那么简单，这是因为，许多国家并不是主动且自愿地接受了西方的民主模式。在很多情况下，"民主"是以直接或间接的方式被强加给他们的。以美国为代表的西方国家，出于地缘政治利益的考虑，将航母、导弹和"普世价值"作为武器，或直接发动战争，或策划"颜色革命"，强行输出自己的民主模式。这种"持剑传教"的做法不仅给其他国家，也给西方国家自身造成了难以弥补的恶果。

作为当今世界民主输出的主力和旗手，美国在冷战期间，却长期致力于支持独裁和镇压民主，而其所使用的名义则是反对"共产主义"。事实上，社会主义与资本主义两大阵营对垒时，为了对抗社会主义势力的扩张，并且维护自己在当地的利益，美国在亚洲、非洲及拉丁美洲的"盟友"往往都是专制和独裁政权，如尼加拉瓜的索摩察家族、韩国的李承晚政权等。只要这些政权能够坚定反共反苏，而且维护美国和资本主义阵

---

① 田文林：《衰朽与动荡："阿拉伯之春"十周年反思》，《国际论坛》2021 年第 3 期。

营在该地区的利益，美国并不在乎它们的制度是否民主，以及它们的统治在多大程度上侵犯了人权。不仅如此，美国还致力于颠覆亲近社会主义的民主政权。1951年，危地马拉时任总统哈科沃·阿本斯通过民主选举当选总统，开始一系列社会改革。他的土改政策触犯了美国大公司的利益，也让美国政府担心西半球出现"赤化"政权。于是，美国中央情报局于1954年6月在该国策划了一场军事政变，推翻了阿本斯的民选政府。政变之后，危地马拉陷入了长达36年之久的内战，导致14万人丧生，上百万人流离失所。[①]

美国插手推翻民主政府的另一个典型例子发生在智利。智利总统阿连德·戈森斯是智利社会党的创始人，1970年通过民主选举上台。他在当选总统后，开始推行左翼政策，主张和平过渡到社会主义的道路。由于美国在智利拥有实质性的经济利益，一旦智利走上社会主义道路，美国的一些大公司就有可能被智利政府国有化或者没收。而且美国还担心智利成为社会主义国家后投向苏联，因此一直对阿连德政府相当敌视。美国以支持恐怖活动、制造经济问题等手段对智利实施多年颠覆破坏后，1973年9月11日，奥古斯托·皮诺切特将军在美国的支持下，发动军事政变，进攻总统府，阿连德不愿屈服而自杀。皮诺切特篡权后，建立了一个极端独裁专制的政府。对皮诺切特的统治，美国著名的哲学家、公共知识分子诺姆·乔姆斯基（Noam Chomsky）这样评价道："它的爪牙是秘密警察组织DINA，美国军事情报部门把这个组织同前苏联的克格勃及纳粹秘密警察盖世太保相提并论。同时，华盛顿大力支持皮诺切特的暴力和恐怖统治，并且在它最初的胜利中起了不小的作用……政变结束后，皮诺切特很快就同美国撑腰的其他拉美军事独裁政权联合，成立了一个名为'秃鹫行动'的跨国恐怖主义组织。

[①] 丁一凡：《民主悖论》，中国发展出版社2016年版，第226页。

那个组织不仅在它们的地盘内冷酷地残杀和动用酷刑,还把恐怖活动的触角伸到了欧洲和美洲。然而,就在这些骇人听闻的暴行发生的时候和发生很久以后,皮诺切特却在很大范围内都得到了极高的评价,尤其是在罗纳德·里根和玛格丽特·撒切尔那里。"[1]

20世纪80年代末90年代初,苏联解体、东欧剧变,以美国为首的资本主义阵营在冷战中赢得胜利,也垄断了对于"民主"的定义和解释权。很多美国学者认为冷战的终结是"美国民主"的胜利与美国世界霸权地位的确立,美国已经具备了足够的在全球实现"美国历史使命"的力量。于是,美国政府更加重视输出民主在全国战略与对外政策中的重要作用,凭借武力和"颜色革命"等手段在全球推行和扩展民主战略。克林顿政府是冷战完全结束后的第一任政府,他主张向全世界输出美国的民主和价值观,把"安全、经济、民主"作为其执政的三大支柱,提出并实施了以扩大"民主国家大家庭"为主要内容的"扩展战略"和"参与扩展战略"。"扩展战略"的提出标志着冷战后的美国对外战略由遏制共产主义,转向在世界范围内推动自由民主制度和价值观,其核心目标是利用民主促进和实施和平演变,追求"全球民主化",实现美国的全球霸权。这一时期美国输出民主的主要手段是:一是将输出"民主"作为美国政府对外机构的基本职能;二是奉行以人道主义干预为主要内容的新干预主义,通过军事干涉和驻扎武装力量实现被输出国的"和平",建立美国所希望的"自由市场"和"民主"机制;三是更加注重通过对外援助等经济手段输出"民主";四是通过强化国际合作输出"民主"。

小布什执政期间则提出了"先发制人"战略,其特点是:

---

[1] [美]诺姆·乔姆斯基:《失败的国家:滥用权力和践踏民主》,白璐译,上海译文出版社2008年版,第139—140页。

当美国安全受到威胁时，不管这种威胁是否已经成为现实，美国都将对构成威胁的任何敌对国家实施打击。因此，小布什时期的美国使用更多武力手段输出"民主"，更具有强制性和单边性，如2001年对阿富汗发动反恐战争、2003年发动伊拉克战争。此外，美国还通过"颜色革命"在东欧、中亚实施渗透与和平演变，并向产生国际恐怖主义威胁的所谓"失败国家"施加政治压力，甚至以武力等强硬手段移植西式民主。

奥巴马时代前期，美国放弃了小布什政府用武力输出民主的方式，相对低调地通过"软实力、巧实力"来推进民主。但在经济状况好转之后，奥巴马政府又转向积极地推广民主，其战略的主要特征包括：一是在经济合作协议中加入关于环保、限制国企、独立工会、跨国争议仲裁等条款，以此方式输出美国的政治经济制度；二是重点向目标国的青年、草根阶层和中产阶级传播美式价值观念；三是手法更加灵活多变，也更加具有隐蔽性。[①]

尽管相比小布什政府，奥巴马时期的美国不再频繁地直接使用军事手段，但这并不意味着其输出"民主"的力度有所减弱。有充分证据显示，美国中情局和西方媒体在"阿拉伯之春"中起到了推波助澜的关键作用，而且西方诸国还利用此次危机，以各种方式对利比亚、叙利亚、伊朗等不听西方号令的中东国家进行围堵，公开支持、资助叙利亚反政府武装，甚至亲自上阵，组成联军推翻卡扎菲政权。[②] 埃及左翼学者萨米尔·阿明（Samir Amin）指出，西方国家介入"阿拉伯之春"的目的，在于将这场运动引向符合西方国家战略利益的方向。西方国家通

[①] 张树华等：《民主化悖论：冷战后世界政治的困境与教训》，中国社会科学出版社2015年版，第45—50页。

[②] 田文林：《衰朽与动荡："阿拉伯之春"十周年反思》，《国际论坛》2021年第3期。

过媒体宣传等方式将"民主"表述为"华盛顿对此进行操控所需要的那个版本","这个事实使他们成为反革命链条当中活跃的一环,而这是华盛顿以东欧的'颜色革命'为蓝本,以'民主革命'为伪装,精心策划的反革命活动……中情局所力图做到的是逆转这场运动的方向,令运动人士远离他们实现社会进步变革的目标,将他们导入运动的歧途。"①

美国等西方国家持续输出"民主"的最直接的恶果,就是肆意发动战争,在被输出国造成战火纷飞、生灵涂炭的局面。2001年,美国出兵阿富汗;2003年,美国入侵伊拉克;2017年以来,美国以"阻止叙利亚政府使用化学武器为由",对叙展开空中打击。这些打着自由民主旗号发动的侵略战争,不但造成了当事国的人道主义灾难(包括人员伤亡、设施破坏、生产停滞,尤其是大量无辜平民伤亡),还带来了一系列复杂的社会问题(包括难民潮、社会动荡、生态危机、心理创伤等)。数据显示,截至2018年11月,在阿富汗、伊拉克、叙利亚和也门因战乱致死的平民分别有43074人、184382—207156人、49591人、12000人;造成的战争难民数量分别为阿富汗1100万人、伊拉克325万人、叙利亚1259万人。② 根据美国外交学者威廉·布鲁姆（William Blum）在《民主：美国最致命的输出》中所作的统计,自第二次世界大战以来,美国为了输出"民主",共致力于推翻50多个外国政府,其中大部分是民主选举产生的;粗暴干涉至少30个国家的民主选举;试图暗杀50余位外国领导人;向30多个国家的民众投掷炸弹;试图镇压20个国家的民粹主义或民族主义运动。"这里可以算笔总账：1945年以来,美国已在71个国

---

① ［埃及］萨米尔·阿明：《人民的春天：阿拉伯革命的未来》,稽飞译,社会科学文献出版社2017年版,第7—8页。

② 《美国对外侵略战争造成严重人道主义灾难》,新华网,2021年4月,https://www.xinhuanet.com/world/2021-04/09/c_1127310521.htm。

家（在全球所有国家中占比超过1/3），在一个或多个场合，实施了一次或多次干涉行动，在这个过程中，美国剥夺了数百万人的生命，使数百万以上的人陷入痛苦和绝望的生活，因此遭受酷刑的人不计其数。"①

更深层次的问题是，西方国家输出的从来不单单是他们所谓的"民主"，而是一整套有利于西方利益的政治、经济、文化秩序。对此，伊曼纽尔·沃勒斯坦（Immanuel Maurice Wallerstein）、萨米尔·阿明、多斯桑托斯（Theotonio dos Santos）等"依附—世界体系论"的学者就曾指出，非西方国家的落后，是西方殖民扩张的后果，发达国家利用这种后果，使不发达国家长期处于对发达国家的依附状态。在这样的世界体系之下，西方国家之所以要把自己的现代化模式（他们自己认为的自由民主制度当然也包括在内）强加给非西方国家，其目的仍然在于维持世界经济体系中的不平等。②

在学者阿齐兹·拉纳（Aziz Rana）看来，美国的自由民主价值与其所主导的不平等的世界秩序并不矛盾，相反，后者是美式自由得以维系的条件。拉纳指出，美式自由带有一种深刻的"两面性"，它建立在一种"定居者意识形态"的基础上。早在殖民时期，北美殖民者们就认为他们的内部自由必须以对外部的监管和控制为条件："许多定居者相信，要保留和促进其自身的民主制度，则需要对印第安人进行驱逐，并对依附群体——其中最突出的是奴隶——采用强制性做法，以确保他们

---

① William Blum, *America's Deadliest Export: Democracy*, London: Zed Books Ltd., 2013, pp. 1-2.
② [美]伊曼纽尔·沃勒斯坦:《现代世界体系》，郭方、夏继果、顾宁译，社会科学文献出版社2013年版；[埃及]萨米尔·阿明:《不平等的发展》，高铦译，社会科学文献出版社2017年版；[巴西]特奥托尼奥·多斯桑托斯:《帝国主义与依附》，杨衍永等译，社会科学文献出版社1999年版。

自己获取财富，不去从事那些卑微却至关重要的工作。"① 由于美式自由的两面性，长期以来美国人都难以想象出一种没有压迫且不对从属社会进行控制的自由公民身份。在美国两百多年的历史中，这种内外之分从未得到根本性的改变。随着美国成为世界性的帝国，其内部的经济繁荣和自由平等则必须通过对边缘人群和外部世界的剥削、压迫来实现。

自20世纪70年代以来，西方所输出的所谓的"民主"逐渐成为镶嵌在"新自由主义"框架之中的民主。在这一框架中，并没有"经济民主"的一席之地，因此，新自由主义版本的民主根本无法减少国家和国家之间、阶级和阶级之间不断扩大的经济上的不平等，反而会成为这一不平等秩序的维护者。一方面，西方国家宣称输出"民主"的目的是要帮助欠发达国家实现现代化，但是这种输出却是在不平等的世界秩序之下进行的。美国和英国的新自由主义模式在1989年出现的所谓"华盛顿共识"中被定义为解决全球问题的方案，并施加给墨西哥、智利、阿根廷、俄罗斯等国家。然而，美国等国家推动新自由主义秩序在全球扩张的目的，是让先发资本主义国家能够更加方便地从世界其他地区榨取利益，使他们能够在世界体系内继续保持政治—经济的强势位置。在1997年的亚洲金融危机中，那些还没有按照新自由主义教条放开其资本市场的国家和地区，受到的影响就远远小于那些开放了资本市场的国家。后者在这场危机中被西方金融利益集团收割了大量的财富。②

另一方面，新自由主义在那些被输入的国家和地区造成了极其严重的社会不平等。以俄罗斯为例，20世纪90年代初，俄

---

① ［美］阿齐兹·拉纳：《美国自由的两面性》，王传兴、赵丽娟译，上海人民出版社2021年版，第3页。
② ［美］哈维：《新自由主义简史》，王钦译，上海译文出版社2010年版，第108—112页。

罗斯接受了"休克疗法"这样一种激进的新自由主义转型方案。但在"休克疗法"实施之后，俄罗斯出现了严重的经济混乱，激进的市场化转型未能带来高效的经济体系，反而导致了严重的通货膨胀和持续的经济衰退。到1996年，俄罗斯的真实GDP总量仅相当于1989年的51%。此外，通货膨胀和私有化造成了国有资产快速流失和严重的社会两极分化，金融寡头在疯狂攫取社会财富的同时，普通居民的储蓄却因为超级通货膨胀而化为乌有。①

美国的邻国墨西哥也遭遇了类似的困境。1982年债务危机爆发之后，墨西哥开始走上新自由主义道路，但是，墨西哥并没有因此摆脱困境，反而在"中等收入陷阱"中越陷越深。墨西哥学者阿尔瓦雷斯·贝让指出，新自由主义模式给该国带来了经济停滞、盈余挥霍、收入分配不平等、寄生性金融体制和不断严重的垄断等问题。在墨西哥实行新自由主义模式25年之后，墨西哥年均GDP增长率为1.93%，人口增长率不到2%，人均GDP平均每年仅增长0.17%，这意味着墨西哥需要400年才能使人均GDP翻一番。由于高失业率和低工资，大量墨西哥人被迫移民。不仅如此，墨西哥的社会不平等也极为严重。2006年年底，仅占该国人口总数0.16%的17.3万投资者在股票市场上的积累就相当于其GDP的37.7%。据世界银行报道，当时墨西哥1.05亿人口中有50%生活贫困，日工资不足4美元。其中，15%的居民生活极端贫困，日收入不足1美元。另有数据显示，在2002年墨西哥市区的家庭收入分配方面，前10%最富有的家庭占全国家庭总收入的31.2%，而后10%最贫困的家庭仅占总收入的3.1%。②

---

① 徐坡岭、贾春梅：《俄罗斯经济转型：新自由主义的失败与社会市场经济模式的探索》，《俄罗斯东欧中亚研究》2017年第3期。
② [墨西哥] 阿尔瓦雷斯·贝让：《新自由主义在墨西哥导致全面社会危机》，李春兰、李楠译，载《国外理论动态》2008年第5期。

对于新自由主义在全球扩张的后果，当代知名左翼理论家大卫·哈维（David Harvey）做出如下评价："这一不均衡新自由主义化的复杂历史中，一个持续的事实是普遍存在一种趋势：扩大社会不平等，并使社会中最不幸的成员（不管在印尼、墨西哥或英国）任由寒风摧残……难以置信的财富和力量如今都聚集到资产阶级上层队伍手里，这种现象自 1920 年代以来还是第一次发生。流入世界主要金融中心的资金数量惊人……仁慈的面具已经成为新自由主义理论才智的一部分，它花言巧语地鼓吹自由、解放、选择、权利，为的是掩饰严峻的现实——赤裸裸的阶级力量的重建或重构，这样的现实发生在地方和跨国的层面，尤其是发生在全球资本主义的主要金融中心。"①

然而，我们需要注意的是，西方政府野蛮、霸道的输出"民主"不仅给其他国家带来深重的灾难，西方国家的人民也成为这种输出行动的牺牲品。2001—2005 年，从伊拉克和阿富汗战争返回的 103788 名退伍军人中，约有 1/3 被诊断出精神或心理疾病，56% 的确诊者患有一种以上的疾病。美国国会研究局的研究显示，2008—2016 年，每年有超过 6000 名退伍军人自杀。《商业内幕》网站 2019 年 12 月报道，阿富汗战争爆发以来，约有超过 3800 名美国平民承包商死亡，这一数据远超政府统计数字，甚至超过了美军的死亡人数。②

威廉·布鲁姆则指出，美国打着"民主"旗号的扩张性外交政策，使世界各地兴起了各种反美的恐怖主义势力："近年来，美国在伊拉克、阿富汗及其他地方的轰炸、入侵、占领和刑讯逼供制造了成千上万新的反美恐怖分子，我们将在很长一段时间听

---

① ［美］大卫·哈维：《新自由主义简史》，王钦译，上海译文出版社 2010 年版，第 136 页。
② 《美国对外侵略战争造成严重人道主义灾难》，新华网，2021 年 4 月，https：//www.xinhuanet.com/world/2021-04/09/c_1127310521.htm。

到他们发出的怒吼。"①

最后,西方国家霸道的输出"民主"也损害了民主本身。在戴蒙德看来,美国通过战争手段输出"民主"的错误策略使他国人民对民主本身产生了负面印象,进而阻碍了民主事业。小布什总统试图通过推翻萨达姆·侯赛因并将伊拉克从独裁政体转变成民主政体来改变中东,但是他的行动适得其反,结果使伊拉克陷入混乱之中。布什政府也从自己的民主计划中后退了,阿拉伯的民主人士认为自己遭到了背叛。于是,"在世界范围内形成了一股强烈反对国际促进民主努力的势力,该势力的领导者是俄罗斯以及诸如伊朗和委内瑞拉之类的地区性石油大国"②。保加利亚学者伊万·克拉斯特夫则指出,西式民主的扩张和一时的"胜利"影响了人们理解民主的方式,坚信民主必胜的话语腐蚀了现代民主政体的理性基础。民主逐渐被看作最好的治理形式。人们开始寄希望于民主政体,将它形容为和平与经济增长的同义词,以及所有社会问题独一无二的解决之道。如何实现经济增长?如何保卫一个国家?如何抗击腐败?如何应对人口和移民挑战?——"民主"被说成是一系列互不相关问题的唯一正确答案。然而,"民主传教士们没有认识到的是,主张腐败或者少数民族融合之类问题在民主环境能够更好地解决是一回事,固执地认为引进自由公平的选举和采用自由主义的宪法就能解决所有这些问题,则是完全不同的另一回事"③。

---

① William Blum, *America's Deadliest Export: Democracy*, London: Zed Books Ltd., 2013, pp. 16–17.

② [美]拉里·戴蒙德:《民主的精神》,张大军译,群言出版社2013年版,第14—15页。

③ [保加利亚]伊万·克拉斯特夫:《民主和不满》,载[俄]伊诺泽姆采夫编《民主与现代化:有关21世纪挑战的争论》,徐向梅等译,中央编译出版社2011年版,第117—118页。

（四）小结

公元11—13世纪，西方基督教文明曾打着上帝的旗号，先后向他们眼中的异教徒国家发动了九次"十字军东征"，铁蹄横扫之处带来的不是灵魂得救的福音，而是生灵涂炭的灾难。在"启蒙运动"三百余年后的今天，以美国为首的西方国家仍高举着"自由""民主"的大旗，用霸权手段向它们所认定的"非民主国家"输出西式"民主"，甚至肆意发动"民主"的"十字军东征"。然而，那些经历了颜色革命或饱受战火摧残的非西方国家，并没有因为嫁接西式民主而获得新生，也未能实现社会的繁荣稳定和人民的安居乐业。在付出巨大代价之后，这些国家要面对的仍然是经济凋敝、政治腐败、社会动荡的乱象，以及看不到尽头的漫长"阵痛期"。

"民主"是全人类共同追求的理想，而不仅仅是西方文明所遵奉的价值。可为什么在实践中，民主却成为断送某些非西方国家前途的"毒药"？一个重要的原因，就是因为这种"民主"不是从他们自己的历史文化传统中生长出来的，也不是本国人民自主选择的结果，而是被西方国家从外部强加的。部分西方国家虽然进入现代社会，但从来没有摆脱"一神论"宗教的思维模式。他们将自己的民主理论和民主模式视为唯一合法的正统教义，不顾其他国家的实际情况和人民意愿，强横专断地输出西式"民主"，试图用这种方式扩张自己在意识形态层面的统治权，维护西方所主导的世界政治—经济秩序。但实际上，这种输出"民主"的方式百弊丛生，也让我们认识到，当今的世界离一种真正意义上的民主、平等的国际秩序还差得太远。正如拉米斯所说："今天帝国权力具体化为三个实体之中：在国内的假冒的民主，广大的军事组织和寻求将全人类和全自然置于其管理控制之下的跨国公司。"结果，影响成千上万人生活的重大决定常常是在他们的国家之外由大政府、跨国公司、国际货币基金组织和世界银行做出的,他们自己的意愿根本无人关心。① 因此,倘若西方国家真的想要在世界范围内促进民主,那么他们首先应当做的,并不是将自己的那一套民主政体和新自由主义价值强加在他国之上,而是放弃霸权主义的做派,致力于营造一个真正平等、公正、民主的国际秩序。

---

① [美]拉米斯:《激进民主》,刘元琪译,中国人民大学出版社2008年版,第134页。

结语　破除民主迷思正当时

> 回答"民主之问",廓清"民主迷思",关乎世界和平发展,关乎人类文明未来。
>
> ——《中国的民主》白皮书(2021)

民主,当我们说它是全人类的共同价值时,更适当的理解是将它作为一种被普遍认可的理想或者信念,即现代社会中人们关于统治与被统治权的一套信念。理想的民主形态应该让所有人都充分满足他们各自关于统治与被统治关系的愿景,这在现实中恐怕是不太可能的事情。于是,"人类断断续续地讨论民主大约有 2500 年了,应该有足够的时间提供一整套民主理念,一套让每个人或者几乎所有人都赞同的理论,然而不管好的还是坏的,都没有实现过"。[①] 因此,清醒的理论家会大胆提出"无论如何都不能把民主视为一种具有毋庸置疑的价值和明确的实践意义的政治价值观"这样看似另类的断言[②]。

把民主拉下"最终价值(理想)"的"神坛"后,我们能以更开放的方式理解民主理念的多种表现形式。正如卡内基道

[①] [美]罗伯特·达尔:《民主理论的前言》,顾昕等译,生活·读书·新知三联书店 1999 年版,第 2 页。

[②] [美]约翰·邓恩:《民主作为幻想、理想与现实》,载伊诺泽姆采夫主编《民主与现代化:有关 21 世纪挑战的争论》,徐向梅等译,中央编译出版社 2011 年版,第 15 页。

德准则与国际事务委员会主席罗森塔尔（Joel H. Rosenthal）所说的那样，民主可能是"政治修辞、大众情绪的宣泄点、强势利益群体巩固自身的手段、欲望表达或者历史与经验的产物"①。如此一来，把民主视为解决各种社会问题的良药，或者把某些社会的民主制度形式作为唯一普世的民主模式，都显得荒诞起来。

今天备受批评的西式"民主"霸权，本质上是一种话语霸权，也就是西方社会垄断了关于"何为民主"的话语权，那些未能采取与他们一致的民主形式的国家或地区，就被贴上"专制"或"威权"政体的标签。然而，正如《中国的民主》白皮书（2021）指出的："民主是历史的、具体的、发展的，各国民主植根于本国的历史文化传统，成长于本国人民的实践探索和智慧创造，民主道路不同，民主形态各异。"

历史地、具体地、发展地理解民主制度的生成、演化及其多姿多彩的实践形式，将使对民主的比较研究不再沦为学术霸权话语的"玩物"，也能帮助我们正视那些曾经被奉为"民主灯塔"的国家真实的民主状况。美国前任总统特朗普在他的首次国情咨文中，称颂自己的国家是"一个令人难以置信的民族的家园，他们有一个革命性的想法：他们可以统治自己，他们可以规划自己的命运"。但他上任的那一年（2016），民主指数（V-dam）首次将美国评为"有缺陷的民主"，而他卸任之际爆发的"冲击国会山"事件更是击打在"美国民主"光幕上的一记重鞭。

本书的目的，是通过广泛梳理国外学术界对西方民主的批判与反思成果，从不同角度试图廓清围绕民主的各类迷思，或者说神话，从而为历史地、具体地、发展地理解各国的民主故事铺垫智识基础。在本书最后，可以简要回顾一下我们通过文

---

① Joel H. Rosenthal, "Democracy as Myth and Fact," September 22, 2015, https://www.carnegiecouncil.org/media/article/democracy-as-myth-and-fact.

献梳理力图呈现的一些重要观点。

第一，民主无论作为政治价值被普遍接受还是作为一套制度安排被广泛采用，都是十分晚近的事。美国直到1964年《民权法案》和1965年《投票权法案》出台，才算符合现代民主对政治平等的基本要求。罗伯特·达尔认为，直到20世纪末，"人民的统治"也只在少数国家得到落实。从这个意义上看，民主还是个年轻事物。

第二，尽管现代人为抽象的民主理念灌注了太多价值内涵，但"平等"一定是关于"民主真谛"的最大共识。自由与民主常被捆绑在一起，以至于人们往往忽视二者在价值和实践上都有不小的张力。同时，政治价值谱系中还存在其他一些重要的元素，例如正义、秩序等。现实中似乎不存在一种可以同时满足各类价值追求的政治制度。哈佛大学政治学教授丹妮尔·艾伦（Danielle Allen）指出，"世界上从未建立一个多种族的民主国家，能保证没有特定种族团体占多数、政治与社会平等、全民共享经济发展"[1]。至于"历史将终结于自由民主制度"这种说法，早已是过时的广告。

第三，民主制度并不一定总能自我纠偏。对西方民主的一种常见误解是，通过制度性的选举和领导人更替，能够保证民主政体国家不出现极端失策的情形。然而，托克维尔和普特南等人的研究则说明，强大的公民传统是民主社会得以正常运转的重要基础。今天，西方社会面临的一个重大问题是民粹政治的兴起。在美国，民意调查显示，美国人自己都承认美国的民主是极端的。因为不同政治派别之间的对立越来越严重，"这个国家充斥着强硬左翼进步主义者、左倾自由主义者、右倾自由

---

[1] Danielle Allen, "Charlottesville is not the continuation of an old fight. It is something new," August 13, 2017, https：//www.washingtonpost.com/opinions/charlottesville-is-not-the-continuation-of-an-old-fight-it-is-something-new/2017/08/13/971812f6 – 8029 – 11e7 – b359 – 15a3617c767b_ story.html.

主义者和右翼民族主义者之间的争论。"① 身份冲突、政治极化不断侵蚀着西方民主的基石，它的纠偏机制也就难以发挥出理想的效能。由此，资本主义经济、权力制衡设计等制度体系难以避免的原生弊病就会不断累积、放大，从而酝酿系统性的社会危机。这正是我们能感受到的今日西方社会的一个趋势。

第四，西方国家苦苦经营的"民主一元论"等霸权话语，已经摇摇欲坠。西方社会自身不断暴露的体制性问题和发展中国家自我探索民主道路的成就与经验，都不断挑战着西式民主在世界范围内的吸引力和影响力。② 美国为首的西方国家过往几十年在各地输出"民主"的败绩和糗事，更加坚定了发展中国家走自己的路的信心与决心。

第五，西方民主制度的弊病尽管展现得越来越充分，但民主衰败并不必然导致西方国家的崩溃。历史实践反复说明，国家（政权）单元体的解裂并不是政体原则遭到侵蚀这一种力量决定的。比如我们今天批判西方民主制度，常常拿社会不平等的扩大作为其主要症状之一。的确，美国贫富差距自20世纪80年代以来就呈不断扩大之势，但历史上美国的不平等程度也有远胜于今的时候。1929年大萧条时期，"1%俱乐部"（占美国人口1%的最富有人群）占有了近50%的美国财富，远超2021年底的32.2%。③ 以单一变量来预测政权的衰败乃至崩溃，可

---

① Danielle Allen, "How Democracies Live: The Long Struggle for Equality Amid Diversity," September 6, 2022, https://www.foreignaffairs.com/reviews/how-democracy-live-struggle-equality-diversity-danielle-allen.

② Marc F. Plattner, "Is Democracy in Decline?," *Journal of Democracy*, Vol. 26, No. 1, 2015, pp. 5–10.

③ Emmanuel Saez and Gabriel Zucman, "The Rise of Income and Wealth Inequality in America: Evidence from Distributional Macroeconomic Accounts," *Journal of Economic Perspectives*, Vol. 34, No. 4, 2020, p. 10;《美国贫富分化持续恶化的事实真相》，中国外交部网站，2023年2月24日，https://www.mfa.gov.cn/wjbxw_new/202302/t20230224_11030966.shtml。

能是武断的。同其他社会一样,西方社会走出困局的关键之一,在于它是否有足够的反省能力和调适能力。从这个意义上,来自西方内部对民主的批判与反思,也是它的反省和调适能力的组成部分。

第六,本书并未涉及但十分重要的一点,民主也是中国共产党和中国人民始终不渝坚持的重要理念。"中国基于本国国情发展全过程人民民主,既有鲜明的中国特色,也体现了全人类对民主的共同追求;既推动了中国的发展与中华民族的复兴,也丰富了人类政治文明形态。"[1] 今天,西式民主的问题已经进一步暴露,世界各地纷纷出现民主乱象、民主衰退和民主赤字,我们更有必要充分认识到中国民主的独特优势和宝贵价值,在加强文明交流互鉴的同时,坚定地走符合中国国情的民主发展道路,为人类民主事业发展探索新的路径。

---

[1] 《中国的民主》白皮书,中国国务院新闻办公室网站,2021 年 12 月 4 日,https//:www.scio.gov.cn/zfbps/ndhf/44691/Document/1717212/1717212.htm。

参考文献

一 中文文献

(一) 中文专著

《马克思恩格斯文集》第4卷,人民出版社2009年版。

《马克思恩格斯选集》第1卷,人民出版社2012年版。

《列宁全集》第22卷,人民出版社1990年版。

《不平等加剧时代的美国民主》,载王绍光编《选主批判:对当代西方民主的反思》,欧树军译,北京大学出版社2014年版。

丁一凡:《民主悖论》,中国发展出版社2016年版。

刘小枫:《波士顿的长电邮——美利坚的政治成长与普遍历史》,三联书店(香港)有限公司2022年版。

刘小枫:《以美为鉴:注意美国立国原则的是非未定之争》,华夏出版社2017年版。

吕磊:《美国的新保守主义》,江苏人民出版社2003年版。

谈火生编:《审议民主》,江苏人民出版社2007年版。

王绍光:《民主四讲》,生活·读书·新知三联书店2008年版。

应克复等:《西方民主史》,中国社会科学出版社1997年版。

张树华等:《民主化悖论:冷战后世界政治的困境与教训》,中国社会科学出版社2015年版。

张宇燕、高程:《美国行为的根源》,中国社会科学出版社2015年版。

赵晓力:《代表制研究》,当代世界出版社 2019 年版。

（二）中文译著

［埃及］萨米尔·阿明:《不平等的发展》,高铦译,社会科学文献出版社 2017 年版。

［埃及］萨米尔·阿明:《人民的春天:阿拉伯革命的未来》,嵇飞译,社会科学文献出版社 2017 年版。

［巴西］特奥托尼奥·多斯桑托斯:《帝国主义与依附》,杨衍永、齐海燕、毛金里、白凤森译,社会科学文献出版社 1999 年版。

［保加利亚］伊万·克拉斯特夫:《民主和不满》,载［俄］伊诺泽姆采夫编《民主与现代化:有关 21 世纪挑战的争论》,徐向梅等译,中央编译出版社 2011 年版。

［德］海因里希·奥古斯特·温克勒:《西方的困局:欧洲与美国的当下危机》,童欣译,中信出版集团 2019 年版。

［德］卡尔·洛维特:《世界历史与救赎历史:历史哲学的神学前提》,李秋零、田薇译,生活·读书·新知三联书店 2002 年版。

［德］卡尔·施米特:《合法性与正当性》,冯克利、李秋零、朱雁冰译,上海人民出版社 2014 年版。

［德］卡尔·施米特:《宪法的守护者》,李君韬、苏慧婕译,商务印书馆 2008 年版。

［德］卡尔·施米特:《宪法学说》,刘锋译,上海人民出版社 2016 年版。

［德］卡尔·施米特:《政治的神学》,刘宗坤等译,上海人民出版社 2014 年版。

［德］康德:《康德政治哲学文集》(注释版),李秋零译,中国人民大学出版社 2016 年版。

［德］罗伯特·米歇尔斯:《寡头统治铁律:现代民主制度中的

政党社会学》，任军锋等译，天津人民出版社 2002 年版。

［德］马克斯·韦伯：《支配社会学》，康乐、简惠美译，广西师范大学出版社 2004 年版。

［德］尼采：《善恶的彼岸》，魏育青、黄一蕾、姚轶励译，华东师范大学出版社 2016 年版。

［德］尼采：《扎拉图斯特拉如是说》，黄明嘉、娄林译，华东师范大学出版社 2009 年版。

［德］施米特：《霍布斯国家学说中的利维坦》，应星、朱雁冰译，华东师范大学出版社 2008 年版。

［德］斯宾格勒：《西方的没落》第 2 卷，吴琼译，上海三联书店 2006 年版。

［德］扬—维尔纳·米勒：《什么是民粹主义？》，钱静远译，译林出版社 2020 年版。

［德］尤尔根·哈贝马斯：《包容他者》，曹卫东译，上海人民出版社 2002 年版。

［德］尤尔根·哈贝马斯：《公共领域的结构转型》，曹卫东等译，学林出版社 1999 年版。

［德］尤尔根·哈贝马斯：《合法化危机》，刘北成、曹卫东译，上海人民出版社 2009 年版。

［德］尤尔根·哈贝马斯：《在事实与规范之间：关于法律和民主法治国的商谈理论》，童世骏译，生活·读书·新知三联书店 2003 年版。

［法］阿兰·图海纳：《我们能否共同生存？——既彼此平等又互有差异》，狄玉明、李平沤译，商务印书馆 2003 年版。

［法］邦雅曼·贡斯当：《古代人的自由与现代人的自由》，阎克文等译，上海人民出版社 2017 年版。

［法］樊尚·阿祖莱：《伯里克利：伟人考验下的雅典民主》，方颂华译，上海三联书店 2015 年版。

［法］库朗热:《古代城邦:古希腊罗马祭祀、权利和政制研究》,谭立铸等译,华东师范大学出版社2005年版。

［法］雷蒙·阿隆:《和平与战争:国际关系理论》,朱孔彦译,中央编译出版社2013年版。

［法］卢梭:《社会契约论》,何兆武译,商务印书馆2010年版。

［法］孟德斯鸠:《论法的精神》(上卷),张雁深译,商务印书馆2019年版。

［法］米歇尔·克罗齐、［美］塞缪尔·亨廷顿、［日］绵贯让治:《民主的危机》,马殿军等译,求实出版社1989年版。

［法］托克维尔:《论美国的民主》(上卷),董果良译,商务印书馆1988年版。

［古罗马］西塞罗:《西塞罗文集·政治学卷》,王焕生译,中央编译出版社2009年版。

［古希腊］柏拉图:《理想国》,郭斌和、张竹明译,商务印书馆1986年版。

［古希腊］修昔底德:《伯罗奔尼撒战争史》,谢德风译,商务印书馆2010年版。

［古希腊］亚里士多德:《政治学》,吴寿彭译,商务印书馆2010年版。

［加］若瑟兰·麦克卢尔、查尔斯·泰勒:《政教分离与良心自由》,程无一译,江苏人民出版社2018年版。

［美］C. 赖特·米尔斯:《白领——美国的中产阶级》,杨小东等译,浙江人民出版社1987年版。

［美］E. E. 谢茨施耐德:《半主权的人民:一个现实主义者眼中的美国民主》,任军锋译,天津人民出版社2000年版。

［美］J. D. 万斯:《乡下人的悲歌》,刘晓同、庄逸抒译,江苏凤凰文艺出版社2017年版。

［美］阿拉斯戴尔·麦金太尔:《追寻美德:道德理论研究》,

宋继杰译，译林出版社 2011 年版。

［美］阿齐兹·拉纳：《美国自由的两面性》，王传兴、赵丽娟译，上海人民出版社 2021 年版。

［美］布赖恩·卡普兰：《理性选民的神话：为何民主制度选择不良政策》，刘艳红译，上海人民出版社 2010 年版。

［美］查尔斯·A. 比尔德、玛丽·R. 比尔德：《美国文明的兴起》，徐亚芬、于干译，商务印书馆 2010 年版。

［美］大卫·哈维：《新自由主义简史》，王钦译，上海译文出版社 2010 年版。

［美］戴尔·古德编：《康普顿百科全书：社会与社会科学卷》，徐奕春等译，商务印书馆 2006 年版。

［美］道格拉斯·拉米斯：《激进民主》，刘元琪译，中国人民大学出版社 2008 年版。

［美］弗朗西斯·福山：《历史的终结与最后的人》，陈高华译，广西师范大学出版社 2014 年版。

［美］弗朗西斯·福山：《身份政治：对尊严与认同的渴求》，刘芳译，中译出版社 2021 年版。

［美］弗朗西斯·福山：《政治秩序与政治衰败：从工业革命到民主全球化》，毛俊杰译，广西师范大学出版社 2015 年版。

［美］汉娜·阿伦特：《共和的危机》，郑辟瑞译，上海人民出版社 2012 年版。

［美］汉娜·阿伦特：《过去与未来之间》，王寅丽、张立立译，译林出版社 2011 年版。

［美］汉娜·阿伦特：《论革命》，陈周旺译，译林出版社 2019 年版。

［美］汉娜·阿伦特：《政治的应许》，张琳译，上海人民出版社 2016 年版。

［美］汉斯·摩根索：《国家间政治：权力斗争与和平》，徐昕、郝望、李保平译，北京大学出版社 2006 年版。

［美］赫伯特·马尔库塞:《单向度的人:发达工业社会意识形态研究》,刘继译,上海译文出版社2008年版。

［美］赫伯特·马尔库塞:《马尔库塞文集(第二卷):走向社会批判理论》,高海青、陶焘译,人民出版社2019年版。

［美］亨利·基辛格:《大外交》,顾淑馨、林添贵译,海南出版社1997年版。

［美］亨利·基辛格:《世界秩序》,胡利平、林华、曹爱菊译,中信出版社2015年版。

［美］加布里埃尔·A. 阿尔蒙德、小G. 宾厄姆·鲍威尔:《比较政治学——体系、过程和政策》,曹沛霖等译,上海译文出版社1987年版。

［美］杰弗里·M. 贝瑞、克莱德·威尔科克斯:《利益集团社会》,王明进译,中国人民大学出版社2012年版。

［美］肯尼思·约瑟夫·阿罗:《社会选择:个体与多准则》,钱晓敏、孟岳良译,首都经济贸易大学出版社2000年版。

［美］拉里·戴蒙德:《民主的精神》,张大军译,群言出版社2013年版。

［美］理查德·霍夫施塔特:《美国生活中的反智主义》,何博超译,译林出版社2021年版。

［美］罗伯特·达尔:《多头政体:参与和反对》,谭君久、刘惠荣译,商务印书馆2003年版。

［美］罗伯特·达尔:《民主理论的前言》,顾昕等译,生活·读书·新知三联书店1999年版。

［美］罗伯特·基欧汉、约瑟夫·奈:《权力与相互依赖》,门洪华译,北京大学出版社2002年版。

［美］罗伯托·西尔文特、丹尼·哈方:《双标帝国:从独立战争到反恐战争》,魏磊杰、郭宪功译,当代世界出版社2022年版。

［美］马克·里拉:《分裂的美国》,马华灵、顾霄容译,上海

人民出版社 2022 年版。

［美］迈克尔·J. 桑德尔：《自由主义与正义的局限》，万俊人等译，译林出版社 2011 年版。

［美］迈克尔·桑德尔：《民主的不满》，曾纪茂译，江苏人民出版社 2008 年版。

［美］曼瑟·奥尔森：《国家的兴衰：经济增长、滞胀和社会僵化》，李增刚译，上海人民出版社 2007 年版。

［美］曼斯菲尔德：《近代代议制和中世纪代表制》，载刘小枫选编《施米特与政治法学》，刘锋等译，华东师范大学出版社 2008 年版。

［美］南希·弗雷泽：《进步的新自由主义还是反动的民粹主义：一个霍布森选择》，载［德］海因里希·盖瑟尔伯格编《我们时代的精神状况》，孙柏等译，上海人民出版社 2018 年版。

［美］尼克松：《六次危机》，黄兴译，世界知识出版社 1999 年版。

［美］诺姆·乔姆斯基：《失败的国家：滥用权力和践踏民主》，白璐译，上海译文出版社 2008 年版。

［美］乔·萨托利：《民主新论》，冯克利、阎克文译，东方出版社 1998 年版。

［美］乔治·索罗斯：《美国的霸权泡沫：纠正对美国权力的滥用》，燕清等译，商务印书馆 2004 年版。

［美］萨克凡·伯克维奇：《惯于赞同：美国象征建构的转化》，钱满素等译，上海译文出版社 2006 年版。

［美］塞缪尔·P. 亨廷顿：《变动社会的政治秩序》，张岱云等译，上海译文出版社 1989 年版。

［美］塞缪尔·P. 亨廷顿：《第三波：20 世纪后期的民主化浪潮》，欧阳景根译，中国人民大学出版社 2012 年版。

［美］塞缪尔·P. 亨廷顿：《美国政治：激荡于理想与现实之间》，先萌奇等译，新华出版社 2016 年版。

［美］塞缪尔·亨廷顿：《我们是谁：美国国家特性面临的挑战》，程克雄译，新华出版社2005年版。

［美］施特劳斯：《西方民主与文明危机》，华夏出版社2018年版。

［美］斯蒂芬·霍尔姆斯：《反自由主义剖析》，曦中等译，中国社会科学出版社2002年版。

［美］托克维尔：《论美国的民主》（上卷），董果良译，商务印书馆1988年版。

［美］托马斯·戴伊、哈蒙·齐格勒：《民主的嘲讽》，孙占平、盛聚林、马骏译，世界知识出版社1991年版。

［美］文森特·奥斯特罗姆：《美国公共行政的思想危机》，毛寿龙译，上海三联书店1999年版。

［美］沃尔特·拉塞尔·米德：《上帝与黄金：英国、美国与现代世界的形成》，涂怡超、罗怡清译，社会科学文献出版社2014年版。

［美］小阿瑟·M.施莱辛格：《美国的分裂：对多元文化社会的思考》，王聪悦译，上海译文出版社2021年版。

［美］雅克·布道编著：《建构世界共同体》，万俊人、姜玲译，江苏教育出版社2006年版。

［美］亚当·普沃斯基：《民主的危机》，周建勇译，上海人民出版社2022年版。

［美］亚历山大·汉密尔顿、詹姆斯·麦迪逊、约翰·杰伊：《联邦论》，尹宣译，译林出版社2010年版。

［美］伊曼纽尔·沃勒斯坦：《现代世界体系》，郭方、夏继果、顾宁译，社会科学文献出版社2013年版。

［美］约翰·P.麦考米克：《抑富督官：让精英重新对大众政府负责》，载王绍光编《选主批判：对当代西方民主的反思》，欧树军译，北京大学出版社2014年版。

［美］约翰·邓恩：《民主作为幻想、理想与现实》，载伊诺泽

姆采夫主编《民主与现代化：有关21世纪挑战的争论》，徐向梅等译，中央编译出版社2011年版。

［美］约翰·罗尔斯：《政治自由主义》，万俊人译，译林出版社2000年版。

［美］约翰·朱迪斯：《民粹主义大爆炸》，马霖译，中信出版集团2018年版。

［美］约瑟夫·S. 奈、约翰·D. 唐纳胡主编：《全球化世界的治理》，王勇等译，世界知识出版社2003年版。

［美］约瑟夫·熊彼特：《资本主义、社会主义与民主》，吴良健译，商务印书馆1999年版。

［美］詹姆斯·麦格雷戈·伯恩斯：《启蒙：思想运动如何改变世界》，祝薪闲译，文汇出版社2019年版。

［墨西哥］豪尔赫·涅托·蒙特西诺斯：《治理全球化：谋求民主治理的世界政策》，载［古巴］弗朗西斯科·洛佩斯·塞格雷拉编《全球化与世界体系》（上），白凤森、徐文渊等译，社会科学文献出版社2003年版。

［南非］毛里西奥·帕瑟林·登特利维斯编：《作为公共协商的民主：新的视角》，王英津等译，中央编译出版社2006年版。

［意］G. 萨托利：《政党与政党体制》，王明进译，商务印书馆2006年版。

［意］加塔诺·莫斯卡：《统治阶级》，贾鹤鹏译，译林出版社2002年版。

［意］维尔弗雷多·帕累托：《精英的兴衰》，刘北成译，上海人民出版社2003年版。

［英］J. C. D. 克拉克：《1660—1832年的英国社会：旧制度下的宗教信仰、观念形成和政治生活》，姜德福译，商务印书馆2014年版。

［英］J. S. 密尔：《代议制政府》，汪瑄译，商务印书馆2014年版。

［英］N. G. L. 哈蒙德：《希腊史：迄至公元前322年》，朱龙华译，商务印书馆2019年版。

［英］阿克顿：《自由的历史》，王天成、林猛、罗会钧译，贵州人民出版社2001年版。

［英］埃德蒙·柏克：《法国革命论》，何兆武、许振洲、彭刚译，商务印书馆2010年版。

［英］安东尼·阿伯拉斯特：《民主》，孙荣飞等译，吉林人民出版社2005年版。

［英］保罗·卡特利奇：《古希腊民主制的兴衰》，刘畅、翟文韬译，九州出版社2020年版。

［英］保罗·塔格特：《民粹主义》，袁明旭译，吉林人民出版社2005年版。

［英］伯纳德·克里克：《民主》，史献芝译，译林出版社2018年版。

［英］戴维·赫尔德：《民主的模式》，燕继荣等译，中央编译出版社1998年版。

［英］戴维·米勒、韦农·波格丹诺编：《布莱克维尔政治学百科全书》，邓正来等译，中国政法大学出版社1992年版。

［英］戴雪：《英宪精义》，雷宾南译，中国法制出版社2001年版。

［英］哈佛德·麦金德：《民主的理想与现实：重建的政治学之研究》，王鼎杰译，上海人民出版社2016年版。

［英］洛克：《政府论》（下篇），叶启芳、瞿菊农译，商务印书馆1996年版。

［英］塞缪尔·E. 芬纳：《统治史（第一卷）：古代的王权和帝国：从苏美尔到罗马》，马百亮、王震译，华东师范大学出版社2010年版。

［英］塞缪尔·E. 芬纳：《统治史（第二卷）：中世纪的帝国统治和代议制的兴起：从拜占庭到威尼斯》，王震译，华东师范

大学出版社 2014 年版。

［英］塔格特：《民粹主义》，袁明旭译，吉林人民出版社 2005 年版。

［英］西蒙·普莱斯、彼得·索恩曼：《古典欧洲的诞生：从特洛伊到奥古斯丁》，马百亮译，中信出版社 2019 年版。

［英］以赛亚·伯林：《自由论》，胡传胜译，译林出版社 2011 年版。

［英］约翰·邓恩：《让人民自由：民主的历史》，尹钛译，新星出版社 2010 年版。

（三）期刊文章

习近平：《弘扬传统友好，共谱合作新篇——在巴西国会的演讲》，《人民日报》2014 年 7 月 18 日。

《习近平在联合国成立 75 周年纪念峰会上发表重要讲话》，《人民日报》2020 年 9 月 22 日。

习近平：《在中华人民共和国恢复联合国合法席位 50 周年纪念会议上的讲话》，《人民日报》2021 年 10 月 25 日。

常晓燕：《从利益集团驱动到无效的政府规制——基于美国枪支管控政策的研究》，《国际论坛》2021 年第 6 期。

褚向磊、苏毓淞：《民主解固——西方自由民主制的危机》，《国外理论动态》2018 年第 5 期。

刘力达：《美国政府应对新冠肺炎疫情的决策机制及其困境》，《美国研究》2021 年第 1 期。

刘天骄：《国家能力与全球治理的危机——西方知识界关于新冠疫情的评论》，《文化纵横》2020 年第 3 期。

刘小枫：《美国行为的根源——出自政治史学的观察》，《文化纵横》2021 年第 4 期。

刘中民：《对"阿拉伯之春"与中东民主化若干问题的思考》，《国际政治研究》2021 年第 11 期。

陆聂海：《西方民主行政理论评析》，《政治学研究》2013 年第

4期。

欧树军:《"两个美国"才是常态?——美国社会分裂的历史脉络》,《文化纵横》2021年第2期。

田文林:《衰朽与动荡:"阿拉伯之春"十周年反思》,《国际论坛》2021年第3期。

邢悦、刘晓欣:《政党极化、民主危机与美国政府新冠疫情治理的失败》,《国际论坛》2022年第3期。

徐坡岭、贾春梅:《俄罗斯经济转型:新自由主义的失败与社会市场经济模式的探索》,《俄罗斯东欧中亚研究》2017年第3期。

徐以骅:《特朗普与他的福音派高参们》,《宗教与美国社会》2019年第1期。

张小劲、王海东:《欧洲政党最新演化的类型学分析》,《当代世界与社会主义》2017年第2期。

[美]菲利普·C.施密特:《关于民主的十五个发现》,吴克峰、吴宇攀译,载《国外理论动态》2012年第12期。

[墨西哥]阿尔瓦雷斯·贝让:《新自由主义在墨西哥导致全面社会危机》,李春兰、李楠译,《国外理论动态》2008年第5期。

[英]埃里克·霍布斯鲍姆:《身份政治与左派》,易晖译,载《汉语言文学研究》2017年第1期。

二 英文文献

（一）英文专著

Bernard Manin, *The Principles of Representative Government*, Cambridge: Cambridge University Press.

David Gress, *From Plato to NATO: The Idea of the West and Its Opponents*, New York: The Free Press, 1998.

Dwight Waldo, *The Administration State*, New York: Ronald Press,

1948.

Fucando Alvaredo et al. , *World Inequality Report 2018*, World Inequality Lab, 2018.

George McKenna, *The Puritan Origins of American Patriotism*, New Haven and London: Yale University Press, 2007.

Hans-Hermann Hoppe, *Democracy: The God That Failed: The Economics and Politics of Monarchy, Democracy, and Natural Order*, New Brunswick: Transaction Publishers, 2007.

Jan-Werner Müller, *Constitutional Patriotism*, Princeton and Oxford: Princeton University Press, 2007.

John T. Ishiyama and Marijke Breuning eds. , *21st Century Political Science: A Reference Handbook*, Los Angeles: SAGE Publications, Inc. .

Jonathan Barnes ed. , *Aristotle's Politics: Writings from the Complete Works: Politics, Economics, Constitution of Athens*, Princeton and Oxford: Princeton University Press, 2016.

Jørgen Møller, Svend-Erik Skaaning, *Democracy and Democratization in Comparative Perspective: Conceptions, Conjunctures, Causes, and Consequences*, London and New York: Routledge, 2013.

Leland Harper ed. , *The Crisis of American Democracy: Essays on a Failing Institution*, Wilmington: Vernon Press, 2022.

Loren J. Samons II, *What's Wrong with Democracy? From Athenian Practice to American Worship*, Berkeley and Los Angeles: University of California Press.

Michael Mandelbaum, *Democracy's Good Name: The Rise and Risks of the World's Most Popular Form of Government*, New York: Public Affairs, 2007.

Niccolò Machiavelli, *Discourses on Livy*, trans. by Harvey C. Mansfield and Nathan Tarcov, Chicago and London: The University of Chicago Press, 1996.

Pierre Manent, *Beyond Radical Secularism: How France and the Christian West Should Respond to the Islamic Challenge*, trans. by Ralph C. Hancock, South Bend: St. Augustine's Press, 2016.

Polybius, *The Histories*, trans. by Robin Waterfield, Oxford: Oxford University Press, 2010.

Quentin Skinner, *Liberty Before Liberalism*, Cambridge: Cambridge University Press, 1998.

Richard Tuck, *The Sleeping Sovereign*, Cambridge: Cambridge University Press, 2016.

Richard Vernon ed., *Locke on Toleration*, Cambridge: Cambridge University Press, 2010.

Russell Kirk, *The Conservative Mind: From Burke to Eliot*, Washington, D. C.: Regnery Publishing, Inc., 2001.

Sanford Lakoff, *The Political Ideas that Have Shaped the Modern World*, Lanham: Rowman & Littlefield Publishers, Inc..

Steven Levitsky and Daniel Ziblatt, *How Democracies Die*, New York: Crown Publishing Group, 2018.

Terence Ball, James Farr and Russell L. Hanson eds., *Political Innovation and Conceptual Change*, Cambridge: Cambridge University Press, 1989.

Thomas Hobbes, *Leviathan*, Oxford: Oxford University Press, 1996.

William Blum, *America's Deadliest Export: Democracy*, London: Zed Books Ltd., 2013.

（二）英文期刊

Aaron Bramson et al., "Understanding Polarization: Meanings, Measures and Model Evaluation," *Philosophy of Science*, Vol. 84, No. 1, 2017.

Claude S. Fischer, Greggor Mattson, "Is America Fragmenting?," *Annual Review of Society*, Vol. 35, 2009.

David Collier & Steven Levitsky, "Democracy with Adjectives: Conceptual Innovation in Comparative Research," *World Politics*, Vol. 49, No. 3, 1997.

Emmanuel Saez and Gabriel Zucman, "The Rise of Income and Wealth Inequality in America: Evidence from Distributional Macroeconomic Accounts," *Journal of Economic Perspectives*, Vol. 34, No. 4, 2020.

Fareed Zakaria, "The Rise of Illiberal Democracy," *Foreign Affairs*, Vol. 76, No. 6, 1997.

Juan J. Linz, "The Perils of Presidentialism," *Journal of Democracy*, Vol. 1, No. 1, 1990.

Larry Diamond, "Facing Up to the Democratic Recession," *Journal of Democracy*, Vol. 26, No. 1, 2015.

Marc F. Plattner, "Is Democracy in Decline?" *Journal of Democracy*, Vol. 26, No. 1, 2015.

Sam Musa, "The Impact of NRA on the American Policy," *Journal of Political Science & Public Affairs*, Vol. 4, No. 4, 2016.

Samuel P. Huntington, "Democracy's Third Wave," *Journal of Democracy*, Vol. 2, No. 2, 1970.

Yascha Mounk and Roberto Stefan Foa, "The Danger of Deconsolidation: The Democratic Disconnect," *Journal of Democracy*, Vol. 27, No. 3, 2016.

Yascha Mounk and Roberto Stefan Foa, "The End of the Democratic Century," *Foreign Affairs*, Vol. 97, No. 3, 2018.

后　　记

　　2021年，中国社会科学院政治学研究所比较政治研究室承接了所里委托的专项课题"国外学者对西式民主的批判与反思"，课题成果以资料摘编形式，收集整理了国外学者关于民主研究与批判经典著作和21世纪以来的新出代表性论著的重要观点。这项由我动议的基础资料性工作初步完成后，2022年"比较政治与世界政治"创新项目组规划利用这些学术资料撰写一些更成体系的东西。2022年初，我向中国社会科学出版社喻苗老师汇报了初步的想法，她约请我们就这个课题撰写一部国家智库报告。以此为契机，我约请中国社会科学院大学政府管理学院政治学系青年教师姚啸宇加盟此事。啸宇长年致力政治理论、政治思想史的教学与研究，师出名门、学养有素，在我提供初步写作框架和思路后，很快就着手撰写报告。半年后，啸宇完成了初稿撰写，我通读全稿后提出了一些修改意见，供啸宇参考，如此反复打磨了三轮，其间我又改写了导读和结语部分。2023年春，书稿初步打磨完毕。张树华、王炳权两位所领导一直都关心书稿的写作。周少来研究员审读了初稿，并对完善写作框架提出了宝贵建议。啸宇老师为撰写该报告倾注了大量心血，希望他能以此为契机，未来在政治学理论和民主问题研究方面取得更加丰硕的成果。

唐　磊
2023年4月18日

姚啸宇，中国人民大学—美国德克萨斯大学奥斯汀分校联合培养博士，现为中国社会科学院大学政府管理学院讲师、中国社会科学院社会主义民主研究中心特约研究员。主要研究领域为：政治学理论、政治哲学、西方政治思想史等。在核心期刊发表论文数篇，出版了译著《胡克与英国保守主义》《论16世纪的英格兰政体》等。

唐磊，中国社会科学院政治学研究所研究员，中国社会科学院大学政府管理学院副院长、教授、博士生导师，兼任中国社会科学院国际中国学研究中心主任、中国政治学会副秘书长、中国社会科学院社会主义民主研究中心理事等。主要研究领域为：海外中国学、政治学理论、知识社会学、国家形象与软实力等。出版了《跨学科研究的理论与实践：基于研究文献的考察》《中国民间智库发展报告（1978—2018）》等著作，主编了"国际中国学研究丛书"、"社会文明与理性译丛"、《观中国》等书籍。